Curso de español lengua extranjera

Experiencias

INTERNACIONAL **2**

Patricia Sáez Garcerán

Libro de ejercicios

Usa este código para acceder al
BANCO DE RECURSOS
disponible en

Ẽ digital
LE

www.anayaeledigital.es

edelsa

1.ª edición: 2019
2.ª impresión: 2023

© Edelsa, S. A. Madrid, 2019
© Autora: Patricia Sáez Garcerán

Equipo editorial
Coordinación editorial: María Sodore
Edición y corrección: Alicia Iglesia
Diseño de cubierta: Carolina García
Diseño y maquetación de interiores: Estudio GRAFIMARQUE, S.L.

Fotografías
123 RF, p. 6 Valencia [Tatiana Popova] © 123RF.COM; Bilbao [Iakov Filimonov] © 123RF.COM; p. 11 galería de arte [andreahast] © 123RF.COM; p. 24 La Boquería [venakr] © 123RF.COM, [radub85] © 123RF.COM; Mercado de San Miguel [kasto] © 123RF.COM, [Ekaterina Belova] © 123RF.COM; Mercado de Colón [Marc Venema] © 123RF.COM, [pabkov] © 123RF.COM; Mercado de San Telmo [blackalex] © 123RF.COM, [MARIUSZ PRUSACZYK] © 123RF.COM; p. 28 exposición de pintura [Philippe Halle] © 123RF.COM; p. 32 plaza Murillo [Darko Vrcan] © 123RF.COM; p 49 Siam Park [darios] © 123RF.COM; Port Aventura [megastocker] © 123RF.COM; p. 55 chicas lavando ropa [Yakov Oskanov] © 123RF.COM; p. 62 flamenco [kasto] © 123RF.COM; rumba [Kobby Dagan] © 123RF.COM; salsa Patricia [Hofmeester] © 123RF.COM; p. 65 plaza Mayor de Salamanca [saiko3p] © 123RF.COM, grafitis en Salamanca [Andrey Salamchev] © 123RF.COM

Audio
Locuciones y montaje sonoro: Bendito Sonido
Voces: Olga Hernangómez y Ángel Morón

ISBN: 978-84-9081-378-2
Depósito legal: M-22216-2019
Impreso en España / *Printed in Spain*

ÍNDICE

1 VAMOS A CONOCERNOS

1. Henri estudia español y se presenta. Lee las palabras y observa las imágenes. Escribe una pregunta para cada una de ellas. Hay varias posibilidades.

g

h Madrid

a

b Inglés

f Marie y Ernest

c

e

Henri

d Medicina

a. *¿España es tu país preferido? / ¿Tu idioma preferido es el español?*

b. ....

c. ....

d. ....

e. ....

f. ....

g. ....

h. ....

2 APRENDER ESPAÑOL

1. ¿Qué están haciendo? Relaciona las tres columnas y forma frases, como en el ejemplo.

a. *Mi profesora*	*explicar*	en viajar a Badajoz.	*Mi profesora está explicando la conjugación…*
b. Los amigos de Henri	leer	en la cama.	....
c. Mis padres y yo	decir	a clases de ruso los martes.	....
d. Todos los alumnos	ver	un viaje a Estambul.	....
e. Carlos y Matilde	pedir	*la conjugación del presente.*	....
f. Yo	ir	a su profesor más ejercicios.	....
g. Sus compañeros	estudiar	en la playa.	....
h. Mi mejor amiga	dormir	tonterías.	....
i. Jünger y Jess	preparar	Medicina en Madrid.	....
j. Mis mascotas	pensar	una película en el cine.	....

2. Henri tiene muchos amigos. Mira lo que están haciendo y escribe una frase para cada imagen. Utiliza: *estar* + gerundio.

....

....

3 OTRAS EXPERIENCIAS

1. Jürgen, Henri y Jess viven en España y están estudiando español. Escribe una recomendación para solucionar su problema. Utiliza estas estructuras.

> *Es bueno…*
> *Es importante…*
> *Es fundamental…* + infinitivo
> *Es muy útil…*
> *Es necesario…*

comprar | trabajar | hacer voluntariado | ~~estudiar~~ | escuchar | cambiar | inscribirse | organizar | salir

Jürgen

a. No tengo buenas notas en los exámenes de español.
b. Tengo problemas con mis compañeros de piso.
c. Estudio y trabajo mucho. No tengo tiempo libre para mí.

a. *Es necesario estudiar más la gramática y el vocabulario.*

b. ....

c. ....

Henri

a. No puedo entender todo lo que dice mi profesor cuando habla en clase.
b. Quiero ir a Andalucía de viaje, pero no tengo dinero.
c. No hago ejercicio. Quiero hacer un poco de deporte.

a. ....

b. ....

c. ....

Jess

a. Tengo que hacer una traducción y no tengo diccionario.
b. No tengo muchos amigos españoles.
c. Me gusta ayudar a los demás, pero no hago nada.

a. ....

b. ....

c. ....

1 DESTINO ESPAÑA

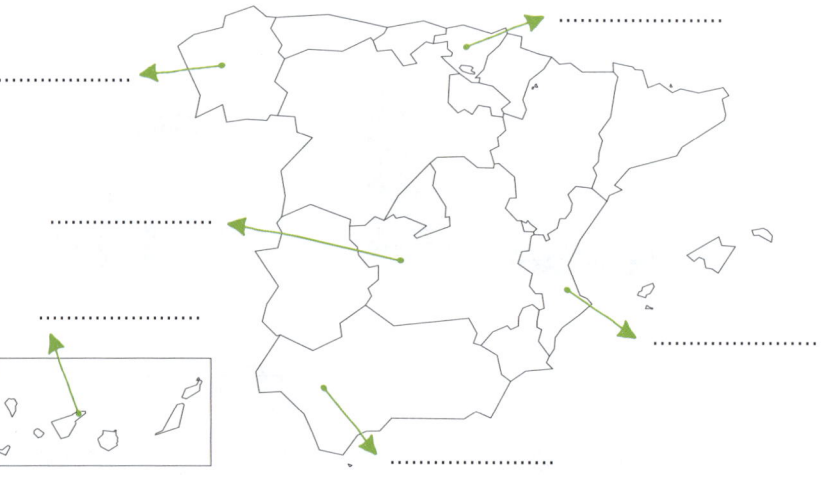

1. ¿Sabes dónde están estas ciudades? Escribe su nombre en el mapa.

- Bilbao está en el norte.
- Santa Cruz de Tenerife está en una isla.
- Santiago de Compostela está en el noroeste.
- Sevilla está en el sur.
- Toledo está en el centro.
- Valencia está en el este.

2. Observa las imágenes. ¿Cómo crees que son? Marca dos adjetivos para cada ciudad. Hay varias posibilidades.

luminosa | cálida | festiva | histórica | viva | moderna | multicultural | tranquila | turística
dinámica | cómoda | animada | mágica | artística | monumental

Santiago de Compostela

Valencia

Santa Cruz de Tenerife

Bilbao

Toledo

Sevilla

3. A. Lee estos textos. ¿Qué ciudad están describiendo? Relaciona cada ciudad con su descripción.

a Ciudad de las tres culturas

Es una ciudad imperial, histórica y muy cultural. Sus plazas son de una gran belleza. Es una ciudad bastante pequeña, pero muy cómoda y tranquila para pasear por sus calles. El alcázar, la iglesia, el monasterio y la sinagoga son ejemplos arquitectónicos muy interesantes y artísticos. Es una ciudad con mucho encanto.

b Ciudad turística

Es una de las ciudades más turísticas de España. Es una ciudad mágica y festiva durante el carnaval. Su arquitectura es una mezcla de estilo colonial y contemporáneo. Su parque nacional del Teide está declarado patrimonio de la humanidad por la Unesco. Es la ciudad de la eterna primavera. Sus paisajes son preciosos.

c Ciudad de las mil torres

Es una ciudad grande, muy luminosa, viva y alegre con influencia árabe y romana. Esta ciudad es histórica y artística. Tiene monumentos importantes como la catedral, el mercado, el Oceanográfico y la conocida Ciudad de las Artes y las Ciencias. Las Fallas son sus fiestas más importantes.

Santa Cruz de Tenerife   Valencia   Toledo ◯

B. Subraya todos los adjetivos para describir una ciudad. ¿Cómo es tu ciudad? Descríbela.

2 DOS NUEVAS VIDAS EN MÁLAGA

1. **Lee estos cuatro nuevos testimonios de *Tu destino está en España*. Complétalos con el verbo correspondiente en presente.**

salir | hacer | ir | tener | querer | preferir | pensar

TU DESTINO ESTÁ EN MÁLAGA

Oskaya

Mi familia y yo .... que Málaga es la mejor ciudad para vivir. Es tranquila y luminosa. Nos gusta mucho. Nosotros .... muchos esfuerzos para aprender la lengua, ¡es muy diferente al ruso! Ya .... muchos amigos aquí y la adaptación no es muy difícil. Yo .... a clases de español dos veces por semana. ¡Estoy aprendiendo mucho!

Emmanuelle

Soy Emmanuelle, pero todos aquí en Málaga me llaman Emma. Vivo en España desde hace solo siete meses y .... muchos problemas para entender el acento andaluz. Ya .... algunos amigos malagueños muy simpáticos y .... por la tarde a dar un paseo y a cenar. Creo que estoy aprendiendo mucho porque ahora estoy hablando más. Soy feliz. No .... volver a París. .... vivir aquí en España.

Giuseppe

Todos mis amigos de Málaga me llaman Pepe. .... ser fisioterapeuta y estoy en España para estudiar en la universidad. Mis amigos italianos y yo .... estudiar aquí que en Nápoles y .... terminar aquí los estudios. Nosotros .... que los estudios son un poco difíciles. Mi nivel de español no es muy bueno, pero .... aprender más y estoy estudiando las reglas de gramática y el vocabulario, cada día .... muchos ejercicios y traducciones.

Yoshimi

Soy de Tokio y vivo en Málaga desde hace tres años. Estoy en España porque .... que para aprender a bailar flamenco este es el mejor lugar. No .... un buen nivel de español, pero .... muchos esfuerzos para aprender. .... en japonés todavía. Mis amigos españoles, que están aprendiendo a bailar flamenco, tienen más facilidad que yo para bailar.

2. **Escribe las formas verbales que hay en los textos en estos cuadros. Después, complétalos.**

Querer	Pensar	Salir	Tener	Ir	Preferir	Hacer
—	—	—	—	—	—	—
—	—	—	—	—	—	—
—	—	—	—	—	—	—
—	—	—	—	—	—	—
—	—	—	—	—	—	—
—	—	—	—	—	—	—

3. **Lee las siguientes frases y complétalas con estos verbos en presente.**

entender | querer | traducir | empezar | ir | poder | dar

a. Clarisa .... un texto del francés al español.

b. Mi familia y yo .... a ir de vacaciones a Croacia.

c. Sophie .... muy bien a los españoles cuando hablan.

d. (Nosotros) .... aprender mejor una lengua estudiando la gramática.

e. Simón .... estudiar en una universidad mexicana.

f. (Yo) .... clases de español desde 2002.

g. Clara y Luis .... a estudiar chino esta semana en Pekín.

1 VIVIR EN SALAMANCA

1. A. Los amigos de Federico estudian en Salamanca y nos cuentan cosas sobre su vida allí. Lee y subraya las expresiones que indican un periodo de tiempo. Después, escríbelas en las tablas.

Elke

Me encanta Salamanca, ¡es una ciudad fantástica! Pienso que es la ciudad ideal para estudiar. Estudio aquí desde hace 15 días. No conozco a muchos españoles porque hace solo un mes que vivo aquí y ahora estoy solo con estudiantes extranjeros como yo.
Tengo una amiga boliviana y desde la semana pasada vamos juntas a pasear por la ciudad y a comer tapas a la plaza Mayor. Soy muy feliz viviendo en esta ciudad.

Christos

Salamanca es una ciudad muy diferente a Atenas, pero me gusta porque es muy tranquila. Estudio español desde hace más o menos un año y medio y hace tres semanas que vivo en Salamanca en un piso compartido con Elke y Tracy. Desde el sábado pasado trabajo los fines de semana en un restaurante. De momento, puedo estudiar y trabajar, pero empiezo a estar un poco cansado porque vuelvo a casa muy tarde.

Tracy

Desde el mes pasado comparto piso con dos chicos extranjeros. España es diferente a EE. UU., pero me adapto bastante bien. No hace mucho tiempo que voy a la universidad, pero el ambiente me encanta. No como hamburguesas ni perritos calientes desde hace cuatro meses, ahora como más sano y equilibrado. No pienso volver a mi país, prefiero estudiar en esta ciudad llena de magia.

Hace + cantidad de tiempo + *que* + actividad	Actividad + *desde hace* + cantidad de tiempo	*Desde* + momento o fecha + actividad
–	–	–
–	–	–
–	–	–

B. Ahora, transforma las frases de la tabla anterior, como en el ejemplo.

Hace solo un mes que vivo aquí.   – Vivo aquí <u>desde hace</u> solo un mes.

....

....

....

2. Relaciona cada imagen con un verbo y escribe frases. Utiliza estas estructuras.

> *(no)* **Hace** + cantidad de tiempo + *que* + actividad
> *(no)* Actividad + *desde hace* + cantidad de tiempo
> **Desde** + momento o fecha + actividad

Elke

a
la primavera pasada

b
2014

c
dos meses

d
tres años

no ir al cine ☐   hacer crucigramas ☐   bailar ☐   tener un móvil ☐

a. *Desde la primavera pasada baila con su pareja.*   c. ....

b. ....   d. ....

Christos 🇬🇷

a	b	c	d
el fin de semana pasado	un año	2018	la semana pasada

dibujar ☐   no comer carne ☐   cocinar ☐   ir a la discoteca ☐

a. ....

b. ....

c. ....

d. ....

Tracy 🇺🇸

a	b	c	d
el año pasado	dos fines de semana	tres semanas	dos días

nadar ☐   querer visitar Granada ☐   correr ☐   no viajar en avión ☐

a. ....

b. ....

c. ....

d. ....

3. Completa las frases con la estructura de tiempo correspondiente.

a. .... el año pasado no como chocolate.

b. .... quince años .... vivo en Bucarest.

c. Voy a natación .... cuatro meses.

d. Viajo todos los fines de semana a Madrid .... dos años.

e. .... solo tres semanas .... estudio árabe.

f. .... un par de meses .... practico *spinning* en un gimnasio.

g. Me visto con ropa de color negro .... algunas semanas.

h. .... ayer escucho música clásica.

i. .... dos años y medio puedo traducir del danés al español.

j. .... mucho tiempo .... no duermo ocho horas.

4. Henri, Jess y Jürgen van a hablar de su experiencia en España. Escucha y marca con un color diferente la información de cada uno.

País de origen: ☐ Austria ☐ Dinamarca ☐ Bélgica ☐ Francia

Ciudad en la que estudia español: ☐ Alicante ☐ Valladolid ☐ Barcelona ☐ Sevilla

Desde cuándo estudia español: ☐ seis meses ☐ cuatro años ☐ dos semanas ☐ un año

Adjetivos que describen la ciudad: ☐ monumental ☐ dinámica ☐ multicultural ☐ turística

Motivo para estudiar español: ☐ placer ☐ trabajo ☐ motivos personales ☐ viajar

Lo más fácil del español: ☐ gramática ☐ vocabulario ☐ pronunciación ☐ verbos

Recomendación: ☐ estudiar todos los días ☐ leer ☐ ver la televisión ☐ tener amigos españoles

COMPRENSIÓN DE LECTURA

Vas a leer el correo electrónico que Charles ha escrito a su amiga Celia. A continuación, contesta a las preguntas. Selecciona la opción correcta (*a*, *b* o *c*).

Para: Celia
CC:
Asunto: Valencia

Hola, Celia:

¿Qué tal estás? Hace mucho tiempo que no te escribo, pero mi vida no es muy tranquila ahora. Desde hace tres semanas estoy preparando y organizando mi viaje a Valencia. Voy a ir a esta ciudad a estudiar un curso superior de español durante los meses de abril y mayo. Tú estás estudiando español ahora también, ¿verdad?

Te escribo porque estoy hablando, por WhatsApp, con Inés y dice que tú conoces muy bien la ciudad de Valencia porque tienes algunos amigos allí. Quiero hablar contigo porque no conozco Valencia. Mi novia viene conmigo y tampoco la conoce, pero sabemos que es una ciudad histórica, moderna, dinámica y, lo más importante, tiene una playa estupenda.

Vamos a estudiar en una escuela que está lejos del centro y cerca de la playa de la Malvarrosa. En Internet hay mucha información interesante de los profesores y de las excursiones que podemos hacer los fines de semana.

Esta semana tenemos que reservar un piso o una habitación en un piso compartido con otros estudiantes. ¿Me puedes hacer alguna recomendación de los barrios o zonas más interesantes para vivir?

No conocemos mucho la comida típica de Valencia, pero Inés dice que tenemos que comer paella, ¿puedes recomendarnos algún restaurante para comer una buena paella?

Tengo que tener todo organizado esta semana, pero quiero hablar contigo antes. Quiero enseñarte unas fotos de un piso muy bonito de Valencia, ¿podemos vernos el fin de semana para tomar un café y hablar?

Espero tu respuesta.

Un abrazo,
Charles

PREGUNTAS

1 Charles escribe a Celia para:

    a. hablarle de su novia.
    b. pedirle algunas recomendaciones.
    c. invitarla a tomar café.

2 En el texto se dice que Charles está:

    a. reservando su escuela de lenguas.
    b. preparando su viaje a Valencia.
    c. escribiendo un correo electrónico a Inés.

3 Según el texto, la escuela de Charles está:

    a. al lado del centro.
    b. lejos de la playa.
    c. cerca del mar.

4 Charles le pide a Celia una recomendación para reservar:

    a. un restaurante.
    b. un piso.
    c. una casa frente al mar.

5 Charles le propone a Celia:

    a. enseñarle un piso.
    b. enseñarle unas fotos de su novia.
    c. verse el fin de semana.

COMPRENSIÓN AUDITIVA

Vas a escuchar una conversación entre dos personas, Francesco y Lisa. La conversación se repite dos veces. Selecciona la imagen (de la *a* a la *h*) que corresponde a cada enunciado. Hay ocho imágenes. Selecciona cinco.

ENUNCIADOS		IMAGEN
1.	Lisa necesita compralos.	
2.	Es la profesión del novio de Lisa.	
3.	Esto es lo que el novio de Lisa quiere hacer en España.	
4.	Lisa quiere hacer esto en España.	
5.	Francesco le recomienda esto a Lisa.	

a.

b.

c.

d.

e.

f.

g.

h.

1 EL ORDENADOR Y EL CUERPO

1. El síndrome del teléfono móvil. ¿Conoces las enfermedades que causa el uso excesivo del teléfono móvil? Relaciona cada problema con su explicación.

a. Síndrome de mano de garra

b. Nomofobia

c. Síndrome del cuello roto

1. Problemas en el cuello y los hombros.

2. Problemas en las manos.

3. Miedo a no tener el teléfono móvil.

2. Observa estas imágenes y escribe los problemas que provoca el móvil, como en el ejemplo.

 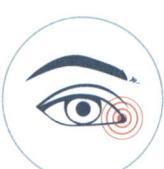    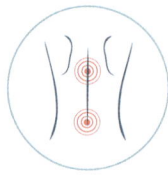

a. *El teléfono móvil provoca muchos problemas en los ojos.*

b. ....

c. ....

d. ....

e. ....

3. A. Escribe el nombre de cada parte del cuerpo y explica su función, como en el ejemplo.

b. ....

c. ....
d. ....

a. ....

e. ....

f. ....

g. ....

h. ....

espalda | piernas | cuello | rodillas | hombros | pies | boca | brazos

a. *La espalda permite mover todo el cuerpo.*

b. ....

c. ....

d. ....

e. ....

f. ....

g. ....

h. ....

B. Completa las frases con la parte del cuerpo adecuada. Después, escribe qué problemas tienen la tenista, el agricultor y la cocinera.

a. Como soy azafata, estoy mucho tiempo de pie en el avión y tengo problemas en las ....

b. Soy profesor de deporte, tengo problemas en las .... y en los .... porque corro mucho.

c. Como soy jardinero, toco muchas plantas y tengo problemas en las .... y en los ....

d. Como soy secretaria, tengo muchos problemas en los .... y en el .... porque trabajo mucho con el ordenador.

e. Soy conductor y tengo muchos problemas en la .... porque estoy muchas horas al día sentado.

f. Soy tenista y ....

g. Como soy agricultor, ...

h. Yo soy cocinera, ...

2 NO ME ENCUENTRO BIEN

1. A. Lee estos comentarios de los amigos de Raúl y complétalos con el verbo conjugado correspondiente. Hay varias posibilidades.

doler | encontrarse | estar | tener | sentirse

Rubén: ¡Hola, Raúl! Yo tampoco .... bien, como tú. Hoy .... un poco cansado porque he trabajado ocho horas delante del ordenador. .... mucho los ojos y la cabeza, pero creo que no .... fiebre.

Rita: ¡...................... muy mal, Raúl! He ido a correr y ahora .... mucho el pie derecho, ¡ay, ay! No puedo andar, ¡...................... mucho! Me voy al hospital.

Roberto: ¡Ay, Raúl! Yo tengo los mismos síntomas que tú. .... todo el cuerpo, ... fatal. Estoy muy blanco. Esta tarde no voy a ir a trabajar porque .... 39 de fiebre. Además, ... mucha tos. ¿Qué me pasa?, ¿crees que .... gripe?

Rosana: Yo también .... enferma. Me encantan los frutos secos y he comido muchos cacahuetes. No .... muy bien. .... una reacción alérgica en el cuello, las manos y los brazos. Bueno, me voy al médico.

Roque: Pues, Raúl, yo no .... muy bien tampoco. .... los ojos. .... los ojos muy rojos. Creo que .... alergia al polen y como ahora estamos en primavera… Voy a ir a la farmacia.

B. Ahora, localiza las siguientes estructuras en los comentarios anteriores y escribe ejemplos.

Estoy + adjetivo	*Me duele(n)* + artículo + sustantivo	*(No) Me encuentro/ Me siento* + adverbio	*Tengo* + sustantivo
–	–	–	–

C. Vuelve a leer los comentarios y marca la opción correcta.

	Rubén	Rita	Roberto	Rosana	Roque
a. ¿A quién le duele todo el cuerpo?	☐	☐	☐	☐	☐
b. ¿Quién va al hospital?	☐	☐	☐	☐	☐
c. ¿Quién se encuentra fatal?	☐	☐	☐	☐	☐
d. ¿Quiénes tienen alergia?	☐	☐	☐	☐	☐
e. ¿A quiénes les duelen los ojos?	☐	☐	☐	☐	☐
f. ¿Quién va a la farmacia?	☐	☐	☐	☐	☐

2. ¿Qué les duele? Observa las imágenes y escribe una frase para cada una, como en el ejemplo.

a Jaime

b Iris y Felipe

c Sara

d Celia

e Alfredo

a. *A Jaime le duele una muela.*

b. ....

c. ....

d. ....

e. ....

1 ¿QUÉ HACES CUANDO...?

1. Relaciona cada imagen con un consejo.

    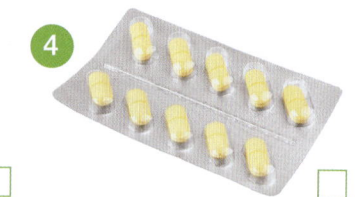

a. Debe tomar una infusión de manzanilla y semillas de limón para estar relajado.

b. Puedes tomar un jugo de limón con agua para limpiar tu estómago.

c. Debes tomar pastillas si tienes una reacción alérgica cuando comes marisco.

d. Puede tomar un zumo de zanahoria, miel y limón para el dolor de garganta.

2. A. Lee los comentarios de la familia de Raúl y complétalos con estas palabras.

zumo de limón con agua | jarabe | pastillas | crema | infusión | gotas | tirita | zumo de zanahoria con miel y limón

a. En invierno, mi hermana Carla y yo estamos siempre enfermas y nos duele mucho la garganta. Tomamos .... para el catarro.

b. Alicia tiene alergia a los frutos secos. Su médico le recomienda tomar ....

c. María tiene mucha tos y este .... es muy bueno para no toser.

d. Cuando Oliver sale de la piscina, siempre tiene los ojos rojos y por eso se pone ....

e. A Patricia le encanta el chocolate y come mucho, por eso le duele el estómago. Toma .... para limpiarlo.

f. Daniel tiene la piel muy roja, porque tiene alergia al sol. Se pone .... todos los días antes de salir de casa.

g. Álex y Clara tienen en los dedos una pequeña herida y se ponen una ....

h. Mis primos y yo tenemos mucho estrés y fuertes dolores de cabeza cuando trabajamos mucho delante del ordenador, por eso por las noches tomamos una .... para relajarnos.

B. Subraya las formas de los verbos *tomar* y *ponerse* en las frases anteriores y completa las conjugaciones.

Tomar	Ponerse
—	—
—	—
—	—
—	—
—	—
—	—

3. Relaciona las tres columnas y forma frases.

a. Isabel siempre	tomar	un zumo de zanahoria con miel para el catarro.
b. Cuando me duelen los ojos,	toma	pastillas.
c. Cuando tenemos una herida en el dedo,	me pongo	una tirita.
d. Lara tiene la piel roja en verano y	toman	un jarabe cuando le duele la garganta.
e. Cuando tengo una reacción alérgica,	nos ponemos	zumo de limón con agua para limpiar el estómago.
f. Mis padres	tomo	unas gotas.
g. Es bueno	se pone	crema.

2 DA CONSEJOS

1. Lee los síntomas que tiene Raúl y escribe un consejo para cada día de la semana.

debe/s + infinitivo   *puede/s* + infinitivo   *¿por qué no…?*

Lunes: Me duele la cabeza y tengo fiebre…

Consejo: Debes tomar una pastilla.

Martes: Me duele el pie. Me lo he roto jugando al fútbol…

Consejo: ....

Miércoles: Tengo dolor de estómago…

Consejo: ....

Jueves: Me duelen las muelas…

Consejo: ....

Viernes: No me encuentro bien. Estoy muy mareado…

Consejo: ....

Sábado: Tengo alergia por todo el cuerpo…

Consejo: ....

Domingo: No me duele nada 😄

Consejo: ....

2. Lee estas frases y expresa posibilidad con *quizá/a lo mejor* + indicativo, como en el ejemplo.

a. Me duelen los oídos y no puedo oír bien.

Quizá/A lo mejor tienes otitis.

b. Juan está muy mareado y no se puede levantar.

....

c. Te duele mucho la pierna y no puedes andar bien.

....

d. Teo se encuentra fatal y está sentado.

....

e. Karin tiene tos y le duele la garganta.

....

f. Guillermo ha comido fresas y no se encuentra bien.

....

g. Tengo los ojos muy rojos y me duelen.

....

3. Tres amigos de Raúl van a hablar de sus problemas de salud. Escucha y marca con un color diferente la información de cada uno.

3

Profesión: ☐ recepcionista ☐ camarero/a ☐ vendedor/-a ☐ bailarín/-a ☐ médico/a

Síntomas: *me duele(n)…* ☐ los pies ☐ la espalda ☐ la cabeza ☐ las piernas ☐ el estómago

Consejo médico: ☐ masajes ☐ gotas ☐ pastillas ☐ pomada

Medicina alternativa: ☐ reflexología ☐ acupuntura ☐ meditación ☐ no creo en esa medicina

Valentina   **Rafael**   **Beatriz**

1 NUEVOS PROBLEMAS

1. Completa con estas palabras.

sol | leche | huevos | queso | frutos secos | gambas | gluten | gatos | yogur | polen | ácaros | penicilina

Productos lácteos	Alergias alimentarias	Otras alergias
– – –	– – – –	– – – – –

2. Raúl tiene muchas alergias. Lee, subraya todos los alimentos y relaciona los problemas con la imagen.

a. Desde que soy pequeño tengo muchos problemas de salud. No puedo comer frutos secos, cuando como almendras y cacahuetes, tengo una reacción alérgica fuerte y tengo que tomar medicamentos o ir al hospital. ¡Ay, es horrible! 😖

_____

b. Me encanta comer fruta, pero desde hace tres años tengo alergia a las fresas, pero puedo comer kiwis, plátanos, melocotones, manzanas…

_____

c. La pasta, el pan y todos los productos con trigo no son buenos para mí. Soy celiaco, por eso no puedo comer _pizza_ 😖. En el supermercado compro productos sin gluten 😊.

_____

d. Mi comida preferida es… ¡la paella de marisco!, pero por mi alergia ya no puedo comer gambas 😖 porque tengo reacciones alérgicas, por eso ahora como ¡paella de pollo! 😊

_____

e. Hace solo un mes que tengo alergia a los productos lácteos 😖. Por lo tanto, ya no puedo comer ni queso, ni leche, ni yogures 😖.

3. Escribe cada palabra en la definición adecuada.

celiaco | lactosa | alergia | ácaro | polen | marisco | frutos secos

a. Productos del mar que comemos en la paella. ....

b. Granos, semillas que tienen las flores. ....

c. Animal muy pequeño que causa alergia. ....

d. Persona que no puede tomar gluten. ....

e. Azúcar que tiene la leche. ....

f. Problema de salud. ....

g. Alimentos energéticos ricos en grasas. ....

2 LAS ALERGIAS MÁS FRECUENTES

1. A. Raúl está consultando una página web. Lee y complétala con las expresiones para...

> Expresar causa: *por, porque*
> Añadir información: *además, también*
> Expresar una consecuencia: *por eso, por lo tanto*

elmedicoenlacasa.com

Apple Yahoo! Google Maps YouTube Wikipedia Noticias (180)▾ Populares▾

LA ENFERMEDAD CELIACA

La enfermedad celiaca es una enfermedad digestiva. En esta enfermedad hay un componente genético importante. Es necesario detectarla, pero es difícil .... algunos pacientes no tienen síntomas y otros son iguales que los de otras enfermedades, como el cansancio, el dolor abdominal, el vómito, y .... la pérdida de peso y la diarrea. Los pacientes celiacos no toleran una proteína: el gluten. ...., cuando un celiaco come un alimento que tiene gluten, su sistema inmunológico lucha contra sí mismo. ...., para el tratamiento de esta enfermedad, los celiacos deben hacer una dieta sin gluten.

El gluten está en los cereales como el trigo, la avena, el centeno y la cebada, ... de las salsas...

En España, el 1 % de la población es celiaca. .... cada dos mujeres celiacas hay un hombre celiaco. Entre un 80 y un 85 % de los celiacos no tienen un diagnóstico médico porque no tienen síntomas digestivos.

El día 5 de mayo es el Día Internacional del Celiaco.

Alimentos que no pueden comer:

Alimentos que pueden comer:

B. Responde a estas preguntas.

a. ¿Qué es la enfermedad celiaca?, ¿por qué es difícil detectarla?
....

b. ¿Cuáles son sus síntomas?
....

c. ¿Qué proteína no toleran? ¿En qué cereales está?
....

d. En España, ¿hay más hombres o mujeres con esta enfermedad?
....

C. Localiza en el texto 2 palabras másculinas terminadas en –a.

....

COMPRENSIÓN DE LECTURA

Vas a leer el correo electrónico que Jimena ha escrito a su amigo Rodrigo. A continuación, contesta a las preguntas. Selecciona la opción correcta (*a*, *b* o *c*).

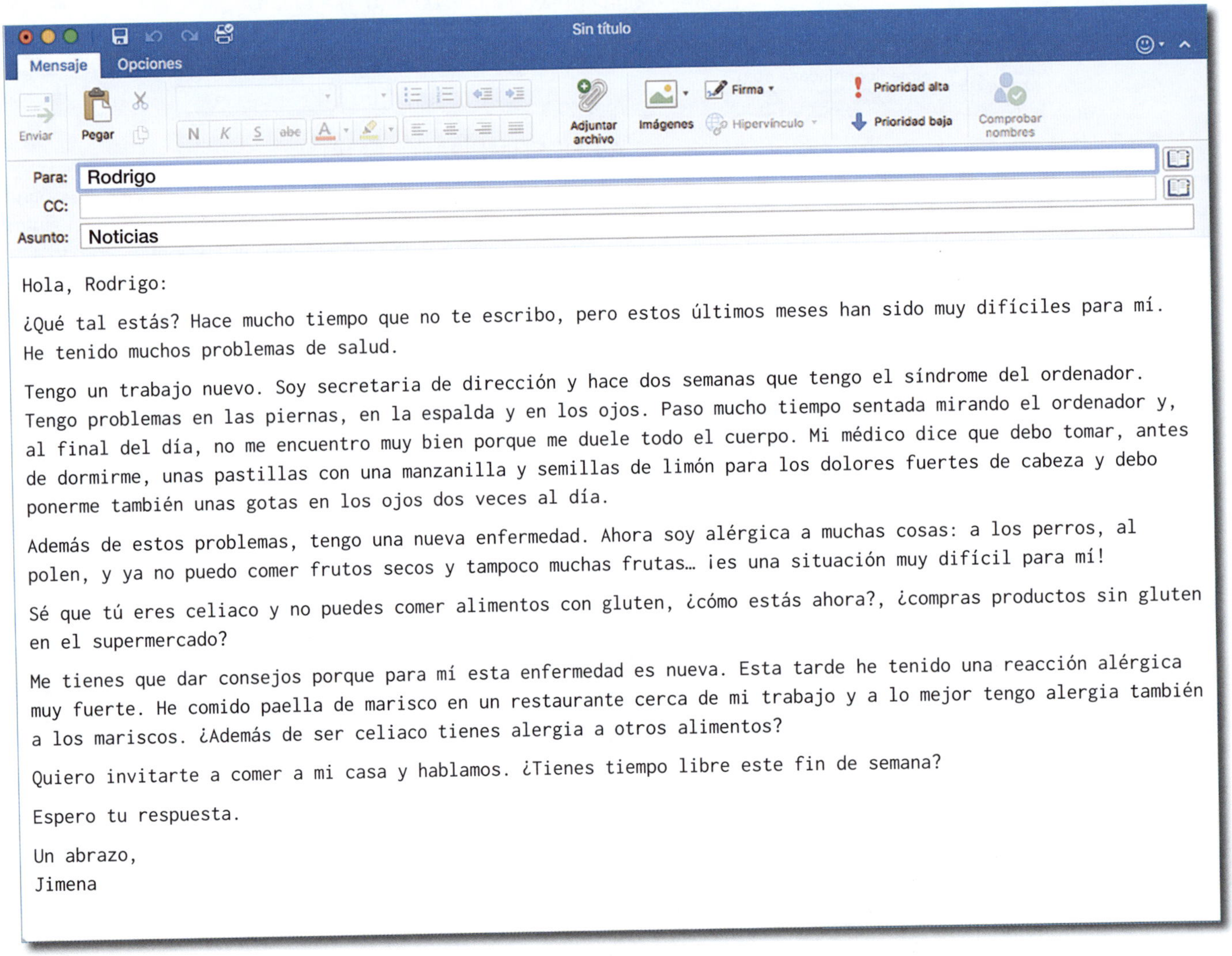

○○○   💾 ↺ ↻ 🖨   Sin título   ☺ ⌄ ⌃

Mensaje   Opciones

Enviar Pegar ✂   N K S abe A ⌄ 🖌 ⌄   ☰ ☰ ☰ ☰   Adjuntar archivo Imágenes 🔗 Hipervínculo ⌄ ✏ Firma ⌄   ❗ Prioridad alta   ⬇ Prioridad baja   Comprobar nombres

Para: Rodrigo
CC:
Asunto: Noticias

Hola, Rodrigo:

¿Qué tal estás? Hace mucho tiempo que no te escribo, pero estos últimos meses han sido muy difíciles para mí.
He tenido muchos problemas de salud.

Tengo un trabajo nuevo. Soy secretaria de dirección y hace dos semanas que tengo el síndrome del ordenador.
Tengo problemas en las piernas, en la espalda y en los ojos. Paso mucho tiempo sentada mirando el ordenador y,
al final del día, no me encuentro muy bien porque me duele todo el cuerpo. Mi médico dice que debo tomar, antes
de dormirme, unas pastillas con una manzanilla y semillas de limón para los dolores fuertes de cabeza y debo
ponerme también unas gotas en los ojos dos veces al día.

Además de estos problemas, tengo una nueva enfermedad. Ahora soy alérgica a muchas cosas: a los perros, al
polen, y ya no puedo comer frutos secos y tampoco muchas frutas… ¡es una situación muy difícil para mí!

Sé que tú eres celiaco y no puedes comer alimentos con gluten, ¿cómo estás ahora?, ¿compras productos sin gluten
en el supermercado?

Me tienes que dar consejos porque para mí esta enfermedad es nueva. Esta tarde he tenido una reacción alérgica
muy fuerte. He comido paella de marisco en un restaurante cerca de mi trabajo y a lo mejor tengo alergia también
a los mariscos. ¿Además de ser celiaco tienes alergia a otros alimentos?

Quiero invitarte a comer a mi casa y hablamos. ¿Tienes tiempo libre este fin de semana?

Espero tu respuesta.

Un abrazo,
Jimena

PREGUNTAS

1 Jimena escribe a Rodrigo para:

  a. explicarle los tipos de alergia.
  b. hablarle de su nuevo trabajo.
  c. contarle todos sus problemas de salud.

2 En el texto se dice que Jimena:

  a. es celiaca.
  b. tiene alergia.
  c. no puede comer en los restaurantes.

3 Según el texto, Rodrigo:

  a. compra productos sin gluten.
  b. puede comer alimentos con gluten.
  c. no puede comer alimentos con gluten.

4 Jimena le pide a Rodrigo consejos sobre:

  a. una enfermedad.
  b. los alimentos con gluten.
  c. su nueva enfermedad.

5 Jimena le propone a Rodrigo:

  a. hablar con él el fin de semana.
  b. pasar el fin de semana juntos.
  c. invitarlo a comer y hablar.

🔊
4 Vas a escuchar una conversación entre una médica y un paciente. La conversación se repite dos veces. Lee las preguntas y selecciona la opción correcta (*a*, *b* o *c*).

PREGUNTAS

1 Según la audición, el paciente está enfermo desde hace:

- a. doce días.
- b. dos días.
- c. dos semanas.

2 Al paciente le duelen:

- a. la cabeza y los oídos.
- b. la cabeza y el pie.
- c. la cabeza, los oídos y la garganta.

3 En la audición, se dice que el paciente tiene casi:

- a. 39 de fiebre.
- b. 40,5 de fiebre.
- c. 39,5 de fiebre.

4 En la audición, se dice que el paciente está:

- a. mareado y cansado.
- b. cansado.
- c. mareado.

5 Según la audición, el paciente tiene que comprar en la farmacia:

a.
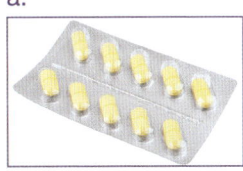

b.
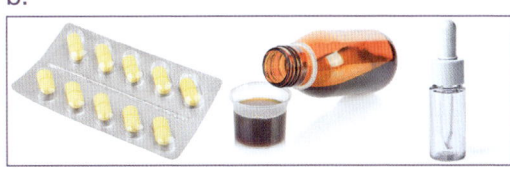

c.

6 La doctora García le recomienda al paciente tomar:

- a. leche con miel, descansar y beber zumos.
- b. zumos y descansar.
- c. té, descansar y beber zumos.

1 UN RESTAURANTE ESPECIAL

1. A. Lee los comentarios de una revista gastronómica. Después, completa la tabla.

Pasta mamma

Nuevo restaurante situado en el centro de Madrid. Se trata de una propuesta muy moderna y creativa.

Cocina especializada en pasta. Se cocinan más de 27 tipos diferentes.

Un restaurante italiano con decoración típica y buen ambiente, pero con un servicio muy lento.

Platos preparados con productos frescos y 100 % italianos.

Platos modernos y originales.

Precio: 21 euros.

Lo que más valoramos:
el ambiente

Lo que menos:
el servicio

Brasería

Un nuevo restaurante de cocina tradicional en Alcalá de Henares, Madrid. Especializado en carnes y pescados a la brasa y al horno con patatas.

Decoración rústica y platos clásicos, pero con productos frescos y de buena calidad. Ambiente muy familiar y agradable con un servicio excelente.

El cliente decide el producto y cómo quiere tomarlo.

Precio: 30 euros.

Lo que más valoramos:
la calidad de los productos y el ambiente

Lo que menos:
el precio

La mala hierba

Nuevo restaurante vegetariano en el barrio de Malasaña de Madrid.

Cocina de fusión tradicional y moderna. Una propuesta creativa con productos naturales y frescos. Platos originales y sabrosos.

Decoración moderna en un ambiente tranquilo y familiar. Servicio rápido.

Especialidad en verduras a la plancha y al vapor.

Precio: 15 euros.

Lo que más valoramos:
la originalidad de los platos

Lo que menos:
la decoración

	Pasta mamma	Brasería	La mala hierba
a. El servicio			
b. La ubicación			
c. El ambiente			
d. La calidad de los productos			
e. La decoración			
f. La originalidad de los platos			
g. El precio			

B. ¿Y tú?, ¿qué valoras en estos restaurantes? Completa la tabla.

	Lo que más valoro 😃	Lo que menos valoro 🙁
Pasta mamma		
Brasería		
La mala hierba		

2 EN EL RESTAURANTE

1. Una pareja va a comer al restaurante de Manuela. Lee y ordena el diálogo.

- ☐ De segundo, vamos a tomar pollo asado y bistec con patatas.
- ☐ Una botella de agua con gas.
- ☐ Yo, de primero, quiero una sopa del día y mi mujer quiere una ensaladilla rusa.
- ☐ ¿Quieren postre?
- ☐ Buenas tardes. ¿Les gusta esta mesa?
- ☐ Perdone, ¿podemos pagar con tarjeta?
- ☐ 30 euros.
- ☐ ¡Hola, buenas tardes! Una mesa para dos, por favor.
- ☐ No, gracias. ¿Cuánto es?
- ☐ ¿Qué van a tomar?
- ☐ ¿Y para beber?
- ☐ Sí, claro que sí.
- ☐ ¿Y de segundo?
- ☐ Sí, para mí un flan casero y para mi mujer una tarta.
- ☐ Sí, sí. Es perfecta. Muchas gracias.
- ☐ Muy bien. ¿Algo más?

2. Clasifica estos platos.

fruta | sopa de tomate | merluza al horno | natillas caseras | menestra de verduras | pollo asado con patatas
ensalada de la casa | cordero con verduras a la plancha | tarta de manzana

Primeros	Segundos	Postres
—	—	—
—	—	—
—	—	—

3. Lee las frases y relaciona.

a. ¿Puedo pagar con tarjeta?

b. ¿Cuánto es?

c. ¿Qué lleva la ensalada de la casa?

d. A ver, mira, hay ensaladilla rusa, me encanta.

e. De postre quiero una tarta de manzana.

f. De primero, sopa, y de segundo, pollo asado con patatas.

1. Hablar sobre el menú.

2. Preguntar por los platos.

3. Pedir los platos.

4. Pedir el postre.

5. Pedir la cuenta.

6. Pagar.

4. Relaciona las columnas y forma frases, como en el ejemplo. Hay varias opciones.

Por favor, ¿puede traernos <u>un poco de</u> pan?

a. *Por favor, ¿puede traernos*	mucho	más, gracias.
b. No quiero	mucha	ensalada.
c. He bebido	*un poco de*	pan?
d. ¿Quieren	algo	para beber?
e. He comido	nada	café.

1 HOY VOY AL MERCADO

1. Relaciona cada tienda con los alimentos que se pueden comprar.

a. carnicería
b. frutería
c. pescadería
d. charcutería

1. chorizo, salchichón, jamón y queso
2. atún, merluza, gambas y calamares
3. pollo, ternera, cordero y cerdo
4. fresas, manzanas, melocotones y naranjas

2. Lee la lista de la compra de Manuela y de una amiga. Completa con el nombre de los alimentos.

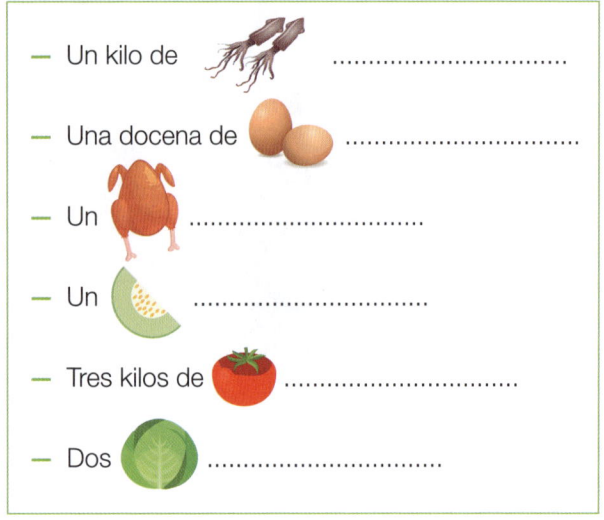

— Un kilo de ....

— Una docena de ....

— Un ....

— Un ....

— Tres kilos de ....

— Dos ....

Manuela

— Un kilo y medio de ....

— 300 gramos de ....

— Un kilo de ....

— Medio kilo de ....

— 300 gramos de ....

— Un kilo de ....

Macarena

Nota: 500 g = medio kilo

3. A. Manuela va a preparar estos platos en su restaurante. Escribe los alimentos que tiene que comprar debajo de las imágenes.

cebolla (x2) | aguacate | huevos | gambas | queso | mejillones
atún | patatas | tomate | pollo | calamares

....
....

....
....

....
....

B. Ahora, piensa en un plato típico de tu país. Escribe su nombre y los alimentos que necesitas para prepararlo.

nombre	alimentos
—	—
	—
	—
	—
	—
	—

4. **A.** Lee los textos de los amigos de Manuela. Subraya las frutas y verduras y rodea las expresiones de frecuencia.

En mi casa, mi pareja y yo hacemos la compra en el mercado, una vez a la semana. Nos encanta hacer la compra juntos. Nos gusta elegir las frutas y verduras frescas. Normalmente, vamos el sábado a las diez o a las once de la mañana y a veces los domingos a mediodía. Nunca hacemos lista de la compra, improvisamos, pero siempre compramos zanahorias, tomates y aguacates porque nos encantan las ensaladas.

Carolina

Hago la compra yo. Prefiero ir al supermercado. Normalmente, voy los lunes por la tarde después del trabajo, a las siete, y voy al mercado los viernes a las ocho de la mañana.
No me gusta nada hacer la compra. Hago una lista muy detallada, no me gusta improvisar. En el mercado compro para toda la semana: pimientos, pepinos, cebollas, fresas y melocotones.

Felipe

En mi casa, mi hijo y yo vamos juntos a hacer la compra. Nos encanta ir al mercado una vez a la semana. Generalmente, vamos los sábados por la mañana a las ocho y media porque no hay mucha gente y podemos elegir la fruta y verdura más fresca. El atún lo compramos en la pescadería al lado del mercado. Sí, claro, hacemos una lista para comprar todo y no olvidar nada.

Álex

B. Ahora, responde a estas preguntas.

	Carolina	Felipe	Álex
1. ¿Con quién hace la compra? ¿Le gusta?			
2. ¿Qué día de la semana? ¿A qué hora?			

2 ¿QUÉ LE PONGO?

1. Manuela hace la compra. Escucha estos diálogos y complétalos con las frases que faltan.

5

1.
● ¡Buenos días! ....
○ Un kilo y medio de atún y una merluza.
● ....
○ ¿Los mejillones están frescos?
● Sí, sí, están muy frescos.
○ Entonces, quiero medio kilo de mejillones. ¿Los calamares están frescos también?
● Sí, son de ayer.
○ Uf, huelen mal. Creo que no están en buen estado… No quiero comprar calamares.
● ¿Le pongo salmón?
○ No, no me gusta. Quiero un kilo de gambas.
● Muy bien. ....
○ No, nada más.
● Aquí tiene todo.
○ ....
● 67 euros.
○ Tome, muchas gracias. Adiós.

2.
● ¡Buenos días! ....
○ Quiero un kilo de pepinos, una lechuga, medio kilo de pimientos y cuatro cebollas.
● ....
○ Sí, ¿los melocotones están buenos?
● Sí, sí, están muy buenos.
○ ¿No están un poco verdes?
● Sí, un poco, pero en unos días están maduros. Son muy buenos. ....
○ No, gracias. Prefiero comprar un melón.
● Muy bien. ¿Algo más?
○ ....
● Aquí tiene todo.
○ ¿Cuánto es?
● Son 8 euros.
○ .... Hasta la próxima semana.

1 VUELVEN LOS MERCADOS

1. Lee la información de este blog. Después, marca la respuesta correcta.

MERCADOS

LOS MERCADOS
MIÉRCOLES, 20 DE MAYO 2019

El Mercado de San José, conocido como **La Boquería**, es el mercado más grande, céntrico y famoso de Cataluña. Está en La Rambla y es muy visitado por los turistas.

Inaugurado en 1840 en Barcelona.

Horario: de lunes a sábados de 8:00 a 20:30.

El **Mercado de San Miguel** de Madrid es un edificio histórico muy importante a nivel internacional.

Inaugurado en 1916 como mercado de frutas y verduras, desde 2009 es un mercado gastronómico.

Está en la plaza de San Miguel, al lado de la plaza Mayor.

Horario: de lunes a jueves y domingos de 10:00 a 24:00. Viernes y sábados de 10:00 a 01:00.

El **Mercado de Colón** de Valencia está en el barrio del Ensanche. Es un edificio de arquitectura modernista declarado monumento nacional. Inaugurado en 1916.

Ofrece la mayor oferta gastronómica del centro de Valencia.

Horario: de sábado a jueves de 7:30 a 2:00 y viernes de 7:30 a 3:00.

El **Mercado de San Telmo** está en el barrio de San Telmo en la ciudad de Buenos Aires, Argentina. Es un lugar muy turístico. Inaugurado en 1897. Podemos comprar alimentos y muebles.

Horario: de martes a viernes de 10:30 a 19:30. Sábados y domingos de 9:00 a 20:00.

	Mercado de...			
	La Boquería	**San Miguel**	**Colón**	**San Telmo**
a. ¿Qué mercado es más antiguo?				
b. ¿Qué mercado tiene el edificio más modernista?				
c. ¿Qué mercado cierra más tarde?				
d. ¿Qué mercados se han inaugurado el mismo año?				
e. ¿Dónde se pueden comprar alimentos y muebles?				
f. ¿Qué mercado abre más temprano?				
g. ¿Qué mercado cierra más temprano los sábados?				

2. Después de leer el texto de la página 34 del libro del alumno, marca si son verdaderas o falsas estas afirmaciones.

V   F

a. La magia del mercado está solo en los colores y los olores de la gente. ☐ ☐

b. Solo hay cuatro mercados muy famosos. ☐ ☐

c. Todos los mercados famosos están en España. ☐ ☐

d. Estos mercados son céntricos. ☐ ☐

e. Los productos del mercado son variados y frescos. ☐ ☐

f. En el mercado compramos, hablamos y comemos. ☐ ☐

3. Escribe las ventajas de comprar en el mercado. Utiliza estas palabras.

ayudar | hablar | bolsas | nuevos productos | calidad | natural | precio | trabajo | consumo local | fresco | ofertas

a. *Ayudas a la población local.*

b. ....

c. ....

d. ....

e. ....

f. ....

4. Relaciona y forma frases.

a. Los aguacates   un pescado azul muy bueno.

b. Estas gambas no   rojo.

c. Estas manzanas y estos melocotones   buenos para la salud por sus vitaminas.

d. El tomate   es   muy bueno con patatas fritas.

e. El salmón   son   español.

f. Los huevos   está   francés.

g. El chorizo   están   verdes. No puedo comerlos.

h. El queso camembert   buenas, tienen mal color.

i. El pollo asado   de color verde.

COMPRENSIÓN DE LECTURA

Vas a leer el correo electrónico que Simón ha escrito a su amigo Blas. A continuación, contesta a las preguntas. Selecciona la opción correcta (*a*, *b* o *c*).

Para: Blas
CC:
Asunto: Madrid

Hola, Blas:

¿Qué tal estás? Hace muchos meses que no te escribo. Ahora, trabajo en Madrid y no tengo mucho tiempo libre, pero sabes que me gusta mucho salir y sobre todo comer 😄, y aquí hay muchos restaurantes, ¡es fantástico! ¡Me encanta esta ciudad!

Lo que más me gusta de esta ciudad es el ambiente, la calidad de los restaurantes, la originalidad de los platos y la cantidad de mercados que hay. Los restaurantes del centro de la ciudad son un poco caros y el servicio es muy lento, pero hay una relación calidad-precio buena. Hay restaurantes más baratos lejos del casco antiguo, pero a mí me gusta pasear y comer en el centro. Me encanta La Tallarina, es un restaurante de pasta italiana muy bueno. La especialidad es la pasta a la boloñesa. Voy a comer allí con mis amigos una vez al mes. Este restaurante italiano es fantástico, además conocemos al cocinero del restaurante, es un amigo de Giuseppe, mi compañero de piso.

Como también me gusta cocinar, todas las semanas, voy a hacer la compra al Mercado de San Fernando. Está en el famoso barrio de Lavapiés y abre todos los días hasta las doce de la noche o la una. Además, los fines de semana, voy con mis amigos al mercado a tomar algo en el café Carmen. Hay un ambiente muy agradable y los precios de las tapas no son muy caros.

Quiero invitarte a venir a Madrid en las próximas vacaciones y así vamos juntos. ¿Qué te parece?

Espero tu respuesta.

Un abrazo,
Simón

PREGUNTAS

1 Simón escribe a Blas para decirle:

a. dónde toma café con sus amigos.
b. que los mercados españoles son muy famosos.
c. lo que más le gusta de Madrid.

2 En el texto se dice que Simón:

a. prefiere pasear y comer en el centro.
b. valora la calidad de los restaurantes y el servicio.
c. valora el ambiente y la calidad del servicio.

3 Según el texto, el Mercado de San Fernando está abierto:

a. toda la semana con horarios diferentes.
b. de lunes a sábado con el mismo horario.
c. solo los domingos por la tarde.

4 Según el texto, el restaurante preferido de Simón es:

a. uno de ensaladas y verduras.
b. uno italiano.
c. uno de pasta y carne asada.

5 Según el texto, Simón va al Mercado de San Fernando a:

a. hacer la compra.
b. hacer la compra y tomar algo con sus amigos.
c. tomar algo con sus amigos.

COMPRENSIÓN AUDITIVA

6 Vas a escuchar siete mensajes, incluido el ejemplo. Cada mensaje se repite dos veces. Selecciona el enunciado (de la *a* a la *j*) que corresponde a cada mensaje. Hay diez enunciados, incluido el ejemplo. Selecciona seis.

Ejemplo:

0. La opción correcta es la letra d.

ENUNCIADOS	
a.	Quiere saber si el restaurante tiene el primer plato de siempre.
b.	Una persona invita a otra para ir a comer el martes.
c.	Explica que la comida del restaurante es barata.
d.	Informa de los precios de la fruta de un supermercado.
e.	Le propone ir al mercado a comprar.
f.	Presenta los ingredientes para hacer un plato de comida.
g.	En este supermercado las verduras tienen precios especiales.
h.	Una persona invita a otra a cenar.
i.	Comunica que tres personas van a comer a un sitio.
j.	En este restaurante solo podemos comer ensaladas.

Mensajes	Enunciado
0.	d
1.	
2.	
3.	
4.	
5.	
6.	

1 DE LA CIUDAD AL CAMPO

1. Isabel y Jaime son neorrurales. Lee los textos y marca lo positivo y lo negativo de su cambio de vida.

He cambiado mi vida en Madrid por el campo y estoy muy contenta. Ahora, tengo mucho menos estrés que antes. Como tengo acceso a Internet, puedo trabajar desde casa, pero a veces no funciona muy bien y es un problema.

Tengo una casa muy grande con una huerta ecológica y no un piso pequeño como en Madrid. Como frutas y verduras frescas y hago mi propio pan.

Donde vivo no hay contaminación. Ya no utilizo el coche, siempre voy en bicicleta.

Ya no vivo en Barcelona, ahora vivo en el campo con mi mujer y mis hijos. El cambio ha sido muy bueno porque tenemos una vida más sana y relajada, pero es verdad que ahora tenemos menos acceso a las actividades culturales.

Donde vivimos no hay cines ni teatros, pero hay ferias gastronómicas todos los meses muy interesantes.

Por las noches podemos dormir sin problema porque no hay ruidos. ¡Nos encanta la vida en el campo!

2. Observa las imágenes y relaciónalas con la opción correcta. ¿Corresponden al campo (Ca) o a la ciudad (Ci)?

vida relajada | teatro | agricultura ecológica | contaminación | exposición de pintura
estrés | contacto con la naturaleza | productos artesanales

....

....

....

....

....

....

....

....

3. Escribe un texto explicando las ventajas e inconvenientes de vivir en el campo y en la ciudad. Utiliza estas palabras: *ruido, estrés, contaminación, productos artesanales, zonas verdes* y *nuevas tecnologías*.

2 VIVIR EN EL CAMPO

1. Lee estos comentarios del foro Estilos de vida y complétalos con estas palabras.

educación | seguridad | naturaleza | precios | Internet | trabajo

«En el campo los .... son más bajos: los productos, los servicios y las casas son menos caros que en la ciudad. Con poco dinero puedes hacer muchas más cosas. La vida es más barata». Manuela (53 años)

«En la ciudad la calidad de vida es peor, pero el acceso a la .... es mucho más fácil. Hay más institutos y universidades». Blas (37 años)

«Vivir en la ciudad puede ser tan agradable como vivir en el campo, pero el campo tiene una gran ventaja: el mayor contacto con la .... ». Rubén (28 años)

«La vida en la ciudad es fantástica porque tenemos un mejor acceso a .... La tecnología tiene un mayor desarrollo. Además, vivir en el campo es más aburrido». Carlota (19 años)

«En la ciudad hay más oportunidades de tener ...., pero la vida en la ciudad es más estresante». Guillermo (49 años)

«En el campo la .... es mayor que en la ciudad. Podemos salir a la calle sin problemas. Además, el aire es más puro, la contaminación es menor». Matilde (60 años)

2. A. Subraya los comparativos irregulares de los comentarios del ejercicio anterior y completa.

bueno	malo	pequeño	grande
—	—	—	—

B. Ahora, subraya de diferentes colores las frases de superioridad, inferioridad e igualdad.

3. Observa las imágenes y escribe frases comparativas con estas palabras: *contaminante, estrés, zonas verdes* y *fresca*.

a. ....

b. ....

c. ....

d. ....

4. ¿Dónde vives? Escribe frases sobre tu pueblo o ciudad. Puedes utilizar estas palabras.

tranquilo/a | contaminación | tráfico | zonas verdes

a. ....

b. ....

c. ....

d. ....

1 MARAVILLAS EN HISPANOAMÉRICA

1. A. La agencia Viajes de aventura ofrece tres nuevos destinos. Completa los textos con estas palabras.

seco | lluvioso (x2) | activos | calurosas | húmedo | dormidos | tropical

Viajes de aventura   INICIO | QUIÉNES SOMOS | GALERÍA | BLOG

Isla de Pascua o Rapa Nui (Chile)

Es la mayor isla de Chile. Tiene un clima .... con temperaturas suaves o .... todo el año. Su clima es similar al de las islas Canarias.

Tiene volcanes: algunos .... y otros ....

Esta isla es uno de los principales destinos turísticos de Chile por su belleza natural y su cultura.

Glaciar Perito Moreno (Argentina)

Es una masa de hielo en el sudoeste de Argentina, en la región de la Patagonia.

El glaciar tiene 5 kilómetros de ancho y una profundidad de 170 metros.

La temperatura es fría tanto en invierno como en verano.

Tiene un clima .... durante todo el año.

La *ruptura del glaciar* es el evento más importante de este lugar.

Lago Titicaca (Bolivia-Perú)

Es el lago navegable más alto del mundo. Está entre Bolivia y Perú.

La temperatura media es de 13 °C y en verano hay muchas tormentas.

Durante los meses del verano austral (de diciembre a marzo) el clima es .... y ....

En los meses de invierno (de abril a noviembre) el clima es ....

B. Vuelve a leer los textos y marca la opción correcta.

	Isla de Pascua	Glaciar Perito Moreno	Lago Titicaca
a. ¿Qué destino tiene un clima seco en invierno?			
b. ¿Dónde hay volcanes?			
c. ¿Qué destino tiene un clima lluvioso todo el año?			
d. ¿Dónde hay temperaturas calurosas?			
e. ¿Qué lugar tiene un clima tropical?			
f. ¿Dónde hay un clima lluvioso y húmedo?			

2 PAISAJES SUPERLATIVOS

1. A. Hay cuatro *maravillas españolas*. Relaciona la imagen con su explicación.

1 **Islas Cíes. Pontevedra (Galicia).** Son una de las islas más bonitas del océano Atlántico. Están formadas por tres islas. Desde 1980 son parque natural.

2 **Los lagos de Covadonga. Cangas de Onís (Asturias).** Están dentro del parque nacional de los Picos de Europa. Hay tres lagos.

3 **Parque natural Cabo de Gata-Níjar. Almería (Andalucía).** Es uno de los paisajes más secos de Europa de origen volcánico. Tiene las playas de mayor belleza del Mediterráneo.

4 **El Teide. Tenerife (islas Canarias).** Es el pico más alto de España con 3718 metros. Tiene un volcán. Es el tercer parque natural más antiguo de España. Este lugar está declarado patrimonio de la humanidad desde 2007.

B. ¿Cómo imaginas estos destinos en España? Utiliza estas palabras para describir su clima y geografía. Escribe dos frases para cada uno.

desértico | ~~seco~~ | tropical | plantas | caluroso | lluvioso | activo | caliente

a. *El clima del Teide es muy seco.*

b. ....

c. ....

d. ....

e. ....

f. ....

g. ....

h. ....

2. Completa las frases con los comparativos. Utiliza estos adjetivos, en la forma correcta, según corresponda.

grande | turístico | alto | largo | visitado | conocido

a. El Teide es .... el Moncayo. (+)

b. Las Islas Galápagos son .... las islas Canarias. (=)

c. El río Amazonas es .... el río Tajo. (+)

d. La playa de La Manga es .... la playa de Copacabana. (-)

e. El lago Titicaca es .... el lago Cocibolca. (=)

f. Palccoyo es .... los Alpes. (-)

3. Completa las frases con los superlativos. Utiliza estos adjetivos.

fría | seco | mayor | bonita | alto | menor

a. La playa de La Concha es .... del norte de España.

b. El parque nacional de Doñana es .... parque natural de Andalucía.

c. El desierto de Atacama es .... del planeta.

d. La ciudad de La Paz es .... de América Latina.

e. El pico de Orizaba es .... de México.

f. El Hierro es .... de las islas Canarias.

1 HA SIDO UN DÍA PRECIOSO

1. A. Lee y completa los correos electrónicos con el verbo en pretérito perfecto compuesto.

Para: felipegarcia@gmail.com

Asunto: Saludos desde Bolivia

Querido Felipe:

Ya (llegar) .... a Bolivia. ¡Hace un tiempo maravilloso y tengo muchas cosas que hacer: excursiones, visitas, compras! Estoy muy contenta de estar aquí.

Hoy (ser) .... un día precioso, (visitar) .... la ciudad de La Paz, (pasear) .... por el Mercado de las Brujas y (comprar) .... artesanía típica boliviana.

Hace un poco de calor. (Ir) .... a la plaza Murillo, (sentarse) .... en una cafetería y (beber) .... *sonso* de yuca.

Es una bebida preparada con puré de patatas de yuca y queso. También (comer) .... el sándwich clásico de La Paz: la *chola*. Este sándwich está relleno de jamón, cebolla y salsa picante. ¡Está muy bueno!

Pienso mucho en ti. En mi próximo viaje vienes conmigo. ¡Este país es magnífico! 😄

Un beso muy grande,
Nadia

Plaza Murillo, La Paz

Moáis, Isla de Pascua

Para: jojolion@gmail.com

Asunto: Desde la Isla de Pascua con cariño

Querida Mar:

¿Cómo estás? Te estoy escribiendo desde la Isla de Pascua (isla Rapa Nui). Sí, sí, estoy en Chile. (Venir) .... con unos amigos de la universidad. Estoy aquí desde hace tres días. La isla es magnífica. ¡Nos encanta a todos!

Desde 1995 es patrimonio de la humanidad. (Hacer, yo) .... muchas fotos de los moáis. Los moáis son esculturas, ¡hay más de 900 en la isla!

La historia de estas esculturas es todo un misterio. (Preguntar) ...., pero cada persona nos (decir) .... una respuesta diferente.

Desde que (llegar, nosotros) .... solo (comer, nosotros) .... *tunu* ahí, que es un pescado a la piedra y ceviche de atún y marisco, ¡la comida está muy buena!

En el próximo viaje te vienes conmigo, ¿vale?

Muchos besos,
Mario

B. Lee de nuevo los correos electrónicos de la actividad anterior y completa el cuadro.

Participio regular	Infinitivo	Participio irregular	Infinitivo

2. Ahora, marca la opción correcta.

	Nadia	Mario
a. ¿Quién ha comido y bebido lo típico del país?		
b. ¿Quién ha ido con amigos de la universidad?		
c. ¿Quién ha hecho muchas fotos de esculturas?		
d. ¿Quién ha hablado con la población local?		
e. ¿Quién ha comprado artesanía local?		

3. Mar y Mario quedan para hablar de su último viaje. Escucha y señala qué dice Mar, qué dice Mario y qué no dice ninguno de los dos.

	Mar	Mario	Ninguno de los dos
a. Ha practicado deporte el fin de semana.	☐	☐	☐
b. Ha estado en un lugar con un clima caluroso.	☐	☐	☐
c. Ha visitado a una amiga.	☐	☐	☐
d. No ha visto animales.	☐	☐	☐
e. Ha cenado con dos amigos.	☐	☐	☐
f. Ha visto películas de *spaghetti western*.	☐	☐	☐

4. Vuelve a escuchar la conversación y completa las frases.

● ¡Hola, Mario! Este último fin semana .... a Fuerteventura. .... tres días en la playa de Sotavento. .... mucho haciendo mis deportes preferidos: *kitesurf* y *windsurf*. Esta playa es la más conocida de toda la isla y, además, es muy grande, tiene nueve kilómetros. ¡............................ un fin de semana perfecto! Y tú, ¿dónde has ido?

○ ¡Hola, Mar! Pues yo .... el sábado y el domingo en el desierto de Tabernas, en Almería. Tengo una amiga que vive en esa ciudad y .... también para ir a visitarla. El desierto está en el norte de la ciudad. Es un lugar seco y muy caluroso, pero es muy famoso porque ha sido el escenario de muchas películas de *spaghetti western*. Además, este lugar es perfecto para ver pájaros y .... muchísimos. ¡Estoy muy contento! También he visto otros animales, como zorros y conejos.

● ¡Qué bien! En Sotavento .... un poco de frío. .... a mi mejor amigo que vive en la capital de la isla, en Puerto del Rosario, y después de dos años sin vernos, ... juntos.

○ ¡Muy bien! Ha sido un buen fin de semana para los dos. ¿Dónde vas a ir en tus próximas vacaciones?

● Pues no lo sé. .... mucho dinero este fin de semana y creo que las próximas vacaciones voy a estar en casa, ¿y tú?

○ Yo quiero ir a Chile. Tengo unos amigos que viven allí.

COMPRENSIÓN DE LECTURA

Vas a leer el correo electrónico que Marcela ha escrito a su amiga Karin. A continuación, contesta a las preguntas. Selecciona la opción correcta (*a*, *b* o *c*).

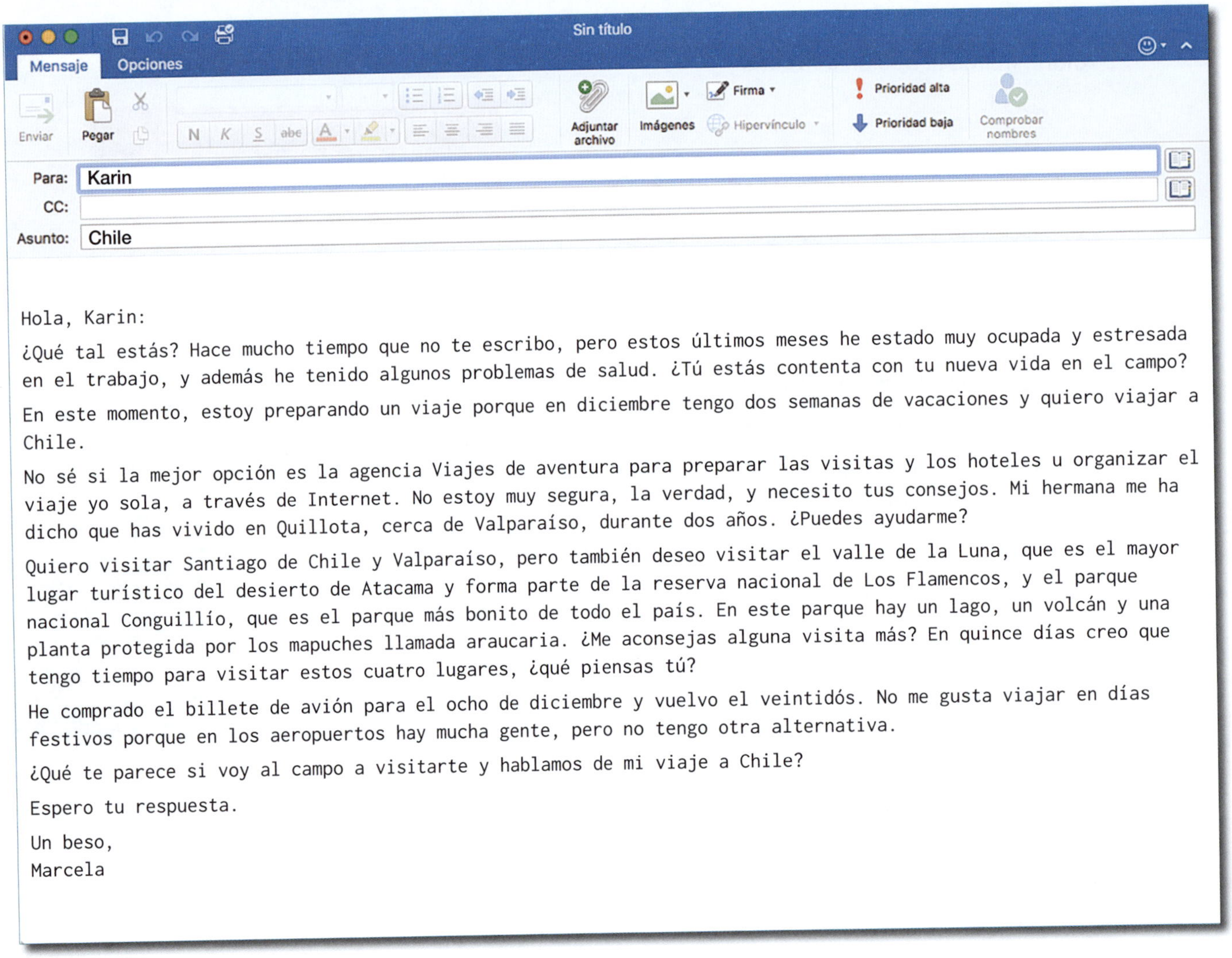

Para: Karin

CC:

Asunto: Chile

Hola, Karin:

¿Qué tal estás? Hace mucho tiempo que no te escribo, pero estos últimos meses he estado muy ocupada y estresada en el trabajo, y además he tenido algunos problemas de salud. ¿Tú estás contenta con tu nueva vida en el campo?

En este momento, estoy preparando un viaje porque en diciembre tengo dos semanas de vacaciones y quiero viajar a Chile.

No sé si la mejor opción es la agencia Viajes de aventura para preparar las visitas y los hoteles u organizar el viaje yo sola, a través de Internet. No estoy muy segura, la verdad, y necesito tus consejos. Mi hermana me ha dicho que has vivido en Quillota, cerca de Valparaíso, durante dos años. ¿Puedes ayudarme?

Quiero visitar Santiago de Chile y Valparaíso, pero también deseo visitar el valle de la Luna, que es el mayor lugar turístico del desierto de Atacama y forma parte de la reserva nacional de Los Flamencos, y el parque nacional Conguillío, que es el parque más bonito de todo el país. En este parque hay un lago, un volcán y una planta protegida por los mapuches llamada araucaria. ¿Me aconsejas alguna visita más? En quince días creo que tengo tiempo para visitar estos cuatro lugares, ¿qué piensas tú?

He comprado el billete de avión para el ocho de diciembre y vuelvo el veintidós. No me gusta viajar en días festivos porque en los aeropuertos hay mucha gente, pero no tengo otra alternativa.

¿Qué te parece si voy al campo a visitarte y hablamos de mi viaje a Chile?

Espero tu respuesta.

Un beso,
Marcela

PREGUNTAS

1 Marcela ha escrito a Karin para:

a. invitarla a visitar Madrid.
b. hablarle de Chile.
c. pedirle consejo para su viaje.

2 En el texto se dice que Marcela:

a. no sabe cómo preparar su viaje a Chile.
b. tiene vacaciones en doce semanas.
c. tiene una agencia.

3 Según el texto, el valle de la Luna:

a. es el único lugar turístico de Chile.
b. está en el desierto de Atacama.
c. es un volcán dentro del parque.

4 Según el texto, Karin:

a. ha vivido en Madrid.
b. vive ahora en el campo.
c. ha vivido doce años en Quillota.

5 Marcela le propone a Karin:

a. viajar con ella a Chile.
b. visitarla en el campo.
c. hablar de todos los viajes.

8 Vas a escuchar siete anuncios de radio. Los anuncios se repiten dos veces. Lee las preguntas para cada anuncio y selecciona la opción correcta (*a*, *b* o *c*).

PREGUNTAS

1 Según la audición:

- a. ser neorrural es una moda de hace siglos.
- b. muchos jóvenes son neorrurales.
- c. la crisis actual ha impulsado a la gente joven a ir a vivir al campo.

2 La vida en el campo según la audición es:

- a. la peor opción de vida actual.
- b. un nuevo y alternativo estilo de vida rural.
- c. es una opción, pero no la mejor.

3 Los productos del campo:

- a. tienen una calidad superior y un precio menos caro.
- b. son caros, pero de buena calidad.
- c. son caros, pero no muy buenos para salud.

4 La agencia Viajes de aventura propone viajes:

- a. a las maravillas naturales más importantes.
- b. solo a Argentina.
- c. a las maravillas de cuatro países de Hispanoamérica.

5 Según la audición, las Islas Galápagos:

- a. son patrimonio de la humanidad.
- b. pertenecen a Chile.
- c. están formadas por tres islas.

6 En este anuncio, se informa de una:

- a. maravilla natural española.
- b. playa pequeña.
- c. maravilla de otro país de Europa.

7 La agencia Viajes de aventura organiza:

- a. reservas de autobús.
- b. viajes de aventura en África.
- c. viajes a las maravillas naturales de España y América Latina.

1 PRÁCTICAS LABORALES

1. A. Lee los textos y relaciónalos con los motivos para ir al extranjero.

1. hacer un máster | 2. hacer un voluntariado | 3. aprender idiomas
4. tener una experiencia profesional | 5. trabajar fuera | 6. viajar y conocer otros países

a He terminado la carrera de Bellas Artes. Hablo español y francés, pero no sé hablar muy bien inglés. Quiero hacer un curso para mejorar mi nivel.

b Estoy en el último año de Ingeniería Aeroespacial y en mi universidad es necesario hacer unas prácticas laborales en el extranjero de tres meses.

c Me he graduado en Periodismo en la universidad de Granada. Ahora quiero tener otra titulación superior más. Las becas Erasmus son una buena oportunidad.

d He terminado este año mis estudios universitarios, pero no voy a buscar trabajo. Quiero visitar otros lugares del mundo y practicar los idiomas que hablo.

e Soy médico y durante mis vacaciones quiero hacer algo diferente este verano: quiero ayudar a personas con problemas de salud en países con pocos recursos.

f Hemos terminado los estudios de Fisioterapia. Un amigo nos ha dicho que en Francia hay mucho trabajo en este sector y que no piden experiencia profesional.

B. ¿Y tú, qué motivos tienes (personales o profesionales) para ir al extranjero? Escríbelos.

....

....

2. A. Lee estos anuncios de prácticas laborales y complétalos con la palabra correspondiente.

empresa líder | currículum vítae | entrevista de trabajo | mercado laboral | prácticas laborales (x2)
carrera | intereses y objetivos profesionales | idiomas | máster

A&P Company

A&P Company es una .... mundial en el sector informático que busca incorporar futuros profesionales en su nueva sede de Madrid.

Si tienes la .... de Ingeniería Informática y has cursado el .... de Nuevas Tecnologías Informáticas, tu futuro profesional está con nosotros.

A&P Company ofrece una buena oportunidad para entrar en el .... No es necesario tener experiencia profesional, pero sí es imprescindible hablar dos ....

Te ayudamos a obtener unas .... remuneradas de 3 a 6 meses con posibilidad de conseguir un puesto fijo en la empresa.

Contacta con nosotros por teléfono (913456778) o por correo electrónico (a&p@company.com).

LYOCOM

LYOCOM ofrece .... de 2 meses en una de sus empresas de Bilbao a jóvenes universitarios en el último año de Comunicación y Relaciones Públicas como primera experiencia profesional.

Es necesario tener un buen expediente académico, nivel alto de inglés y unos .... claros en el mundo de la comunicación.

Los estudiantes interesados en realizar la .... deben enviar, por correo electrónico, su .... actualizado al responsable de RR. HH.
(*e-mail:* daniel.ruiz@lyocom.com).

B. Ahora, marca la opción correcta.

	A&P Company	LYOCOM
a. ¿Qué empresa busca estudiantes graduados?		
b. ¿En qué empresa las notas son importantes?		
c. ¿Qué empresa ofrece unas prácticas de menos tiempo?		
d. ¿Cuál de las dos empresas ofrece la posibilidad de un trabajo?		
e. ¿Qué empresa tiene dos opciones de contacto?		

C. Escribe un anuncio de prácticas para la empresa de telefonía Phonored. Utiliza esta información.

prácticas laborales | máster en Telecomunicaciones | 5 meses | inglés y alemán | currículum vítae | 300 euros

2 EXPERIENCIAS EN EL EXTRANJERO

1. Bruno, Clara y Martín van a hablar de su experiencia. Escucha y marca con un color diferente la información de cada uno.

9

Año de graduación: ☐ 2003 ☐ 2007 ☐ 2000 ☐ 2013

Grado en: ☐ Arquitectura ☐ Enfermería ☐ Derecho ☐ Literatura Española ☐ Medicina

¿Ha cursado un máster?: ☐ ☐ Sí ☐ No

¿Ha trabajado en el extranjero? ☐ ☐ Sí ☐ No

Profesión actual: ☐ enfermero/a ☐ estudiante ☐ abogado/a ☐ arquitecto/a

Ciudad de residencia: ☐ Helsinki ☐ Barcelona ☐ San Sebastián ☐ Edimburgo

Bruno   Clara   Martín

1 ¿VIAJASTE POR TRABAJO?

1. A. Lee y completa los textos con los verbos en pretérito perfecto simple.

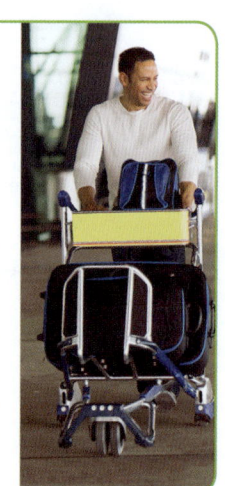

Ayer (volver, yo) .... de Praga. (Ir, yo) .... la semana pasada a un congreso con mis dos compañeros de trabajo, Rafael y Rosa. Después del congreso, (hacer, nosotros) .... un poco de turismo. (Visitar, nosotros) .... la ciudad y (estar, nosotros) .... en el castillo. (Comer, nosotros) .... un plato típico checo que (gustar, nosotros) .... mucho. ¡Praga es una ciudad fantástica!

Hace tres semanas (viajar, yo) .... a Buenos Aires por trabajo. Antes de viajar, (preparar, yo) .... las reuniones con los clientes, (escribir, yo) .... muchos correos e (hacer, yo) .... la programación de las visitas. (Reservar, yo) .... un hotel en el barrio de San Telmo. (Quedarse, yo) .... en Argentina cinco días. Además, (estar, yo) .... con unos amigos de La Plata y (ir, nosotros) .... a tomar mate y a comer asados. (Ser) .... una experiencia muy interesante.

B. Completa con la conjugación de tres verbos regulares en pretérito perfecto simple del ejercicio anterior.

-ar	-er	-ir
—	—	—
—	—	—
—	—	—
—	—	—
—	—	—
—	—	—

C. Lee otra vez los textos. Subraya las formas verbales irregulares y completa la conjugación de estos tres verbos.

AYUDA

➲ Los verbos *ir* y *ser* tienen la misma forma en pretérito perfecto simple.

Ir	Estar	Hacer
—	—	—
—	—	—
—	—	—
—	—	—
—	—	—
—	—	—

2. Completa el crucigrama con los verbos conjugados en pretérito perfecto simple.

HORIZONTALES

A. 1.ª pers. sing. *viajar*

B. 1.ª pers. sing. *cantar*

C. 2.ª pers. sing. *beber*

D. 3.ª pers. pl. *comer*

VERTICALES

1. 2.ª pers. pl. *vivir*

2. 1.ª pers. sing. *hablar*

3. 3.ª pers. sing. *escribir*

4. 1.ª pers. sing. *bailar*

2 DIARIOS

1. Lee el texto de la página 57 del libro del alumno. Marca si son verdaderas o falsas estas afirmaciones.

	V	F
a. El diario personal tiene una única función.	☐	☐
b. Un diario es siempre una agenda de trabajo.	☐	☐
c. El diario personal puede tener dos formatos diferentes.	☐	☐
d. Solo es posible tener un diario con mensajes escritos y audios.	☐	☐
e. Los diarios digitales pueden tener carpetas con muchos archivos.	☐	☐

2. Lee estos fragmentos de diarios y complétalos con el tiempo del pasado adecuado. Después, subraya los marcadores temporales.

Ana María

Hoy (ir, yo) .... a comer con mis compañeros de trabajo. (Comer, nosotros) .... en un restaurante muy conocido de Pekín. Después de comer, (tener, nosotros) .... una reunión muy importante con nuestro jefe y unos clientes. Esta semana (llegar, yo) .... muy tarde a casa todos los días.

Miguel

Hace diez días (nacer) .... mi hijo Nicolás. Mi familia (llegar) .... el martes pasado de Barcelona para conocer al niño. Para celebrarlo (ir, nosotros) .... a comer a un restaurante cerca de la plaza principal.

Daniela

Esta mañana (hacer, yo) .... una entrevista de trabajo y esta tarde me (llamar, ellos) .... para decirme que empiezo a trabajar en un mes en Madrid. Esta semana, mi pareja, Paul, (hacer) .... entrevistas también y (conseguir) .... un trabajo en una empresa española en Madrid. ¡Estamos muy contentos!

3. ¿Cuándo hiciste/has hecho estas actividades? Escribe frases utilizando estos verbos y marcadores.

estudiar español | ir a la playa | montar en bicicleta | comer chocolate
leer un libro | hacer un viaje | salir a bailar | enviar un mensaje

Pretérito perfecto compuesto	Pretérito perfecto simple
Hoy	Ayer
Esta mañana	Hace dos días
Esta tarde	La semana pasada
Esta semana	El fin de semana pasado
Este fin de semana	Hace tres meses
Este año	El año pasado
Nunca	El verano pasado
Siempre	En 2015

a. *Esta semana he estudiado español.*

b. ....

c. ....

d. ....

e. ....

f. ....

g. ....

h. ....

1 TU PERFIL PROFESIONAL

1. A. Lee los textos y completa las tablas con la información correspondiente.

Eleonor

Me gradué en Química.
Tengo el carné de conducir desde 2011.
Hablo alemán e inglés muy bien.
He trabajado en Alemania siete años en una empresa farmacéutica.
Esta semana he empezado un nuevo trabajo en una empresa química de Barcelona.
Hace cinco años hice un máster en finanzas.
Me encanta el bádminton y la natación.

Me gradué en Medicina hace seis años y empecé a trabajar en un hospital de Málaga.
Tengo un dominio muy bueno de los programas informáticos.
Mi nivel de inglés es excelente. Hablo también muy bien italiano porque hice unas prácticas en Milán después de terminar la carrera.
He vivido y he trabajado en Inglaterra cuatro años. Hace un mes empecé un nuevo trabajo en un hospital de Sevilla.
Juego al fútbol y voy al cine todos los fines de semana.

Jesús

Formación	Experiencia profesional	Habilidades	Idiomas	Aficiones
–	–	–	–	–
–	–	–	–	–

B. Ahora, escribe un texto similar con tu perfil profesional.

Mi perfil profesional

2. A. Relaciona las preguntas con sus respuestas.

a. ¿Hablas idiomas?
b. ¿Has hecho un máster?
c. ¿Tienes el carné de conducir?
d. ¿En qué universidad has estudiado?
e. ¿Qué te gusta hacer en tu tiempo libre?
f. ¿Has hecho prácticas en el extranjero?
g. ¿Cuántos años has trabajado en la misma empresa?
h. ¿Dominas algún programa informático?
i. ¿Dónde trabajaste el año pasado?
j. ¿En qué año terminaste tus estudios universitarios?

1. Sí, en Dublín el año pasado.
2. Sí, hablo francés, italiano e inglés.
3. Me encanta escuchar música, leer y pasear.
4. Los acabé en 2016.
5. No, no tengo conocimientos informáticos.
6. El año pasado no trabajé.
7. He estudiado en la universidad de Murcia.
8. Sí, en Derecho Internacional.
9. No, no lo tengo.
10. He trabajado en A&P Company diez años.

B. Ahora, responde tú a las preguntas del ejercicio anterior.

a. ....

b. ....

c. ....

d. ....

e. ....

f. ....

g. ....

h. ....

i. ....

j. ....

2 TU LÍNEA DEL TIEMPO

1. A. Lee y ordena las frases de manera cronológica.

Laura

Andrés

	Laura
☐ a.	En el verano de 2012 conoció a Bruno.
☐ b.	Hizo un máster en Arqueología de 2007 a 2008.
☐ c.	Al año siguiente se fueron a vivir juntos.
☐ d.	Se graduó en Geografía e Historia en 2007.
☐ e.	Desde 2018 trabaja en la universidad de Santiago de Compostela.
☐ f.	Durante el segundo año del doctorado estuvo nueve meses en París.
☐ g.	Dos años después de terminar el máster empezó el doctorado en Madrid.

	Andrés
☐ a.	Al año siguiente se fue a Italia dos años a trabajar como traductor.
☐ b.	De 2017 a 2018 hizo un máster en Didáctica.
☐ c.	Un año después de conocer a Chiara se fue a vivir a Madrid.
☐ d.	En febrero de 2019 empezó un doctorado.
☐ e.	Se graduó en Traducción en 2013.
☐ f.	Hace tres meses que da clases de español en una escuela de Madrid.
☐ g.	Conoció a Chiara durante su estancia en Italia.

B. Subraya las expresiones de tiempo del ejercicio anterior y escríbelas en la tabla adecuada.

indicar momento del pasado	relacionar hechos pasados	hablar de la duración

2. Completa las frases con la expresión de tiempo correspondiente.

desde hace | de... a | en | en... de | al... siguiente | durante | un... después | hace... que

a. Lucas se doctoró en Historia .... 2012.

b. .... la primavera .... 2017 Esther se casó con su novio.

c. .... tres años, Sandra trabajó de periodista en Bilbao.

d. .... mes .... de su graduación, Irene hizo prácticas en una empresa.

e. Pilar hizo un máster en Biología .... 2018 .... 2019.

f. .... año .... de empezar a trabajar, Gerardo perdió su trabajo.

g. .... dos años y medio .... Isabel trabaja en una farmacia.

h. Ángela vive en Singapur .... tres semanas.

cuarenta y uno | 41

COMPRENSIÓN DE LECTURA

Vas a leer el correo electrónico que Sara ha escrito a su amiga Carla. A continuación, contesta a las preguntas. Selecciona la opción correcta (*a*, *b* o *c*).

Para: Carla

CC:

Asunto: Bruselas

Hola, Carla:

¿Qué tal estás? Por fin tengo un poco de tiempo para escribirte. Hace siete meses que terminé el máster en Derecho Internacional en la Universidad Autónoma de Madrid, y desde hace un mes estoy en Bruselas haciendo unas prácticas en el Parlamento Europeo.

Voy a estar en Bruselas de marzo a agosto. Hugo, mi mejor amigo de la universidad, está aquí conmigo de prácticas también y me ha dicho que tú ya estás terminando el máster en Derecho Civil. Si lo acabas en junio, puedes pedir una beca y venir a Bélgica a hacer unas prácticas con nosotros. ¿Qué te parece la idea?

Estoy muy contenta de estar aquí porque durante estas primeras semanas he aprendido mucho, he mejorado mi nivel de francés y he conocido muchos estudiantes extranjeros. Aquí hay muchos españoles, franceses y alemanes.

Cuando llegamos, Hugo me presentó a un chico francés muy simpático, amigo suyo, que se llama Thibault. La verdad es que estoy enamorada de él, es de Toulouse, y ahora vive en nuestro piso. Thibault estudió Periodismo y está haciendo unas prácticas en el periódico belga *Le Soir*. Hace una semana que estamos saliendo juntos 😊.

En septiembre no sé qué voy a hacer. Tengo dos posibilidades: la primera es empezar un segundo periodo de prácticas en Francia, además, Thibault ha encontrado un trabajo en París y empieza a trabajar allí en octubre, y la segunda posibilidad es volver a Madrid y buscar un trabajo. Es muy difícil para mí tomar una decisión en este momento, ¿qué me aconsejas?

En mayo hay cuatro días de fiesta, ¿por qué no te vienes a Bruselas y hablamos?

Espero tu respuesta.

Un abrazo,

Sara

PREGUNTAS

1 Sara ha escrito a Carla para hablarle de:

a. la ciudad de Bruselas.
b. sus prácticas en Bélgica.
c. su piso.

2 En el texto se dice que Hugo es:

a. el novio de Sara.
b. el mejor amigo de Sara.
c. el novio de Carla.

3 Según el texto, Carla:

a. no ha terminado el máster en Derecho Civil.
b. va a ir a hacer unas prácticas a Bruselas.
c. va a visitar a Sara.

4 Según el texto, Sara tiene que:

a. tomar una decisión.
b. hablar con Hugo.
c. mejorar su nivel de francés.

5 Sara le pide a Carla:

a. un consejo.
b. una ayuda.
c. un trabajo.

COMPRENSIÓN AUDITIVA

10 Vas a escuchar siete mensajes, incluido el ejemplo. Cada mensaje se repite dos veces. Selecciona el enunciado (de la a a la *j*) que corresponde a cada mensaje. Hay diez enunciados, incluido el ejemplo. Selecciona seis.

Ejemplo:

*0. La opción correcta es la letra **b**.*

ENUNCIADOS	
a.	Muestra la situación de un porcentaje de españoles sin trabajo.
b.	Presenta una empresa que ofrece trabajo en el extranjero.
c.	Describe el proceso de negociación en España.
d.	El 73 % de españoles de entre 20 y 34 años no tiene trabajo.
e.	La negociación española es muy formal y rápida.
f.	Ha abierto una empresa nueva en el sector educativo.
g.	Presenta una empresa líder en educación.
h.	Explica las ventajas de vivir en el extranjero.
i.	Presenta una empresa que ofrece trabajo en España.
j.	Explica las formas para saludar.

Mensajes	Enunciado
0.	b
1.	
2.	
3.	
4.	
5.	
6.	

1 LOS ALIMENTOS DE UNA EXCURSIÓN

1. Clasifica estos alimentos. Hay varias posibilidades.

frutos secos | aceitunas | huevos | embutidos | pan

energía	fibra	proteínas	vitaminas

2. En una web de viajes estas personas explican la excursión que van a hacer. Lee los textos y escribe frases para dar recomendaciones. Utiliza estas estructuras.

es bueno | *es conveniente* | *es una buena idea* | *es práctico/recomendable/importante*
+ infinitivo

a Mis amigos y yo vamos a hacer una ruta de dos días en un parque natural. Vamos a caminar unos 20 kilómetros cada día. Tenemos que llevar mochila 😣. Jaime tiene alergia a los pistachos y Sofía es celiaca. ¿Qué alimentos nos recomiendas llevar?

Marisol

b Voy a pasar el día en la playa con un amigo. Vamos a hacer esquí acuático y vela. ¡Nos gusta mucho el mar! 😊 Bruno no puede tomar productos lácteos y yo tengo alergia al chocolate. ¿Alguna recomendación de alimentos para la excursión?

Blanca

c Una amiga y yo vamos a hacer montañismo en los Alpes el fin de semana. ¡Nos encanta ir a la montaña! 😊😊 A Soraya no le gustan las frutas y yo soy vegetariana. ¿Qué alimentos podemos llevar?

Camila

a. ....

b. ....

c. ....

2 ALIMENTOS VIAJEROS

1. A. Lee y completa los textos con el verbo correspondiente en pretérito perfecto simple.

expandir | cultivarse | empezar | llamar | ser | llegar | gustar

a Originario de América Latina, de Brasil, desde su llegada .... mucho en Europa. Los indígenas la .... *fruta excelente*. Tiene propiedades diuréticas y antiinflamatorias. Además, tiene muchas vitaminas y minerales.

b Su origen es del siglo III a. C. .... a cultivarse en Sri Lanka. Este producto .... tan apreciado como el oro. Tiene propiedades digestivas y medicinales. Se utiliza en platos orientales, postres, helados…

c Planta prehistórica originaria de Perú. Los incas la .... a todo el continente suramericano. .... a Europa y a África con los españoles. En Valencia .... a finales del siglo XVIII.

B. Lee de nuevo los textos y relaciónalos con el alimento correspondiente.

1 ◯   **2** ◯   **3** ◯

3 OTROS ALIMENTOS CON HISTORIA

1. A. Lee este texto sobre la historia de la vainilla y subraya de diferente color los verbos en pretérito perfecto simple según su terminación: -*ar*, -*er*, -*ir*.

LA HISTORIA DE LA VAINILLA Y LOS TOTONACAS

La vainilla apareció entre los años 1427 y 1440 en México.

El pueblo totonaco fue el primero en utilizar esta especia, que fue muy importante en sus vidas. La utilizaron en el comercio, en rituales y en su alimentación. Los aztecas dominaron al pueblo totonaco y le obligaron a darle como impuesto la vainilla.

Los españoles la descubrieron y la trajeron a Europa en el siglo xv. Los franceses e ingleses hicieron de la vainilla un producto esencial en perfumería y gastronomía.

Los totonacas se dedicaron a producir vainilla para exportarla a Europa. Durante tres siglos el pueblo totonaca fue el único productor, y en el siglo xix la vainilla tuvo su época de oro, que terminó por diversas causas.

En el siglo xx otros países como Haití, Indonesia y Madagascar se convirtieron en productores, y México dejó de ser el principal productor mundial.

Ahora la vainilla es muy popular en el mundo, tanto por su sabor como por su aroma. Es la especia más cara después del azafrán.

B. Ahora, elige un verbo de cada grupo y conjúgalo en pretérito perfecto simple.

-ar	-er	-ir
—	—	—
—	—	—
—	—	—
—	—	—
—	—	—
—	—	—

C. Conjuga en pretérito perfecto simple estos verbos irregulares.

traer	ser	tener
—	—	—
—	—	—
—	—	—
—	—	—
—	—	—
—	—	—

D. Lee el texto otra vez y marca si son verdaderas o falsas estas afirmaciones.

	V	F
a. La vainilla apareció en el siglo xiv.	☐	☐
b. Los totonacas utilizaron la vainilla para cuatro cosas.	☐	☐
c. La vainilla llegó a Europa en el siglo xv.	☐	☐
d. La época de oro de la vainilla mexicana fue en el siglo xx.	☐	☐
e. En el siglo xx otros países empezaron a producir vainilla.	☐	☐

1 EXCURSIONES DE AVENTURA

1. Observa las imágenes y relaciónalas con la expresión correspondiente.

1. nadar con animales | **2.** pescar en el mar | **3.** conducir una moto
4. bañarse en el río | **5.** subir una montaña | **6.** hacer una cabaña

2 SUPERVIVIENTE

1. A. Completa el cuestionario del nuevo programa de *Superviviente II*.

SUPERVIVIENTE II

El programa selecciona candidatos para participar en la nueva edición

Nombre y apellido: ....

Edad: ....   Sexo: H ☐   M ☐

1. ¿Has estado ya en la selva? Sí ☐ No ☐

2. ¿Has estado en un bosque? Sí ☐ No ☐

3. ¿Sabes orientarte? Sí ☐ No ☐

4. ¿Haces deporte? Sí ☐ No ☐

5. ¿Has comido alguna vez gusanos?
Sí ☐ No ☐

6. ¿Sabes bucear? Sí ☐ No ☐

7. ¿Sabes cocinar el arroz? Sí ☐ No ☐

8. ¿Has dormido alguna vez en una cueva?
Sí ☐ No ☐

9. ¿Has pescado alguna vez? Sí ☐ No ☐

10. ¿Has hecho alguna vez deportes de riesgo?
Sí ☐ No ☐

B. Escribe otras preguntas para el cuestionario. Utiliza estas expresiones.

estar en una isla desierta | nadar en el océano | pasar 24 horas sin comer
abrir un coco | hacer fuego | comer pescado crudo

a. ....

b. ....

c. ....

d. ....

e. ....

f. ....

C. Lee estos textos y decide si estas personas pueden o no participar en *Superviviente II*. Justifica tus respuestas escribiendo frases.

Ulises

Tengo 57 años. Vivo en un pueblo en la montaña. Soy monitor de escalada y tengo muy buena orientación. Hago mucho deporte, corro todos los días de 15 a 20 kilómetros. Estoy en forma.
Me encanta ir a la playa, pero no sé nadar y nunca he pescado, pero creo que es fácil y puedo aprender 😄.

Sí ☐   No ☐

Justificación: ....
....

Alicia

Soy una chica muy activa y un poco tímida. Tengo 37 años. En mi vida es muy importante el deporte y la aventura. Muchos fines de semana hago viajes al extranjero o excursiones a la playa o a la montaña con mi novio.
Voy al gimnasio dos veces a la semana. No me gusta el arroz, pero me encanta el pescado y bañarme en la playa. No tengo miedo a los insectos.

Sí ☐   No ☐

Justificación: ....
....

Óscar

Tengo 39 años y soy muy aventurero. He viajado a más de 75 países en los cinco continentes.
Soy una persona extrovertida y dinámica. Me gusta hablar con la gente.
Como todo tipo de comidas y sé cocinar muy bien, hace algunos años trabajé en un restaurante. Tengo un poco de vértigo y miedo a las arañas.

Sí ☐   No ☐

Justificación: ....
....

2. Escribe la pregunta que corresponde a cada respuesta, como en el ejemplo.

a. *¿Qué día llegaste?*

b. ....

c. ....

d. ....

e. ....

f. ....

1. Llegué el 20 de abril.

2. Visité iglesias, castillos, museos…

3. Fui a Bulgaria y a Rumanía.

4. Fui en avión.

5. Estuve en tres países.

6. Porque son países muy interesantes.

3. Completa las frases con el verbo en pretérito perfecto simple.

a. Maya no (poder) .... presentarse a *Superviviente*.

b. Nosotros (estar) .... en una isla desierta del Pacífico.

c. En *Superviviente*, los concursantes (hacer) .... fuego.

d. Fidel (volver) .... muy delgado de la isla.

e. Estar en *Superviviente* (ser) .... una experiencia extraordinaria.

f. Héctor (venir) .... a mi casa para hablar de su viaje.

1 TURISMO ECOLÓGICO

1. A. ¿Sabes qué es el turismo ecológico? Lee este texto y complétalo con estas palabras.

patrimonio | ecológico | playa | responsable | natural | economía | naturaleza

TURISMO ECOLÓGICO

El turismo ecológico, ecoturismo o turismo basado en la .... es un nuevo tipo de turismo alternativo que favorece un turismo ético y .... para la conservación de la biodiversidad y el bienestar de las poblaciones locales.

Este movimiento .... apareció a finales de los años 80. El año 2002 fue el Año Internacional del Ecoturismo.

Este tipo de turismo es muy importante para la .... de algunos países como Costa Rica, Puerto Rico, Kenia…

El turismo de aventura, de sol y ...., de pesca o un turismo de convivencia con la naturaleza no es obligatoriamente ecoturismo, sino que es un turismo .... o verde.

El ecoturismo respeta la cultura local y el .... histórico. Gracias al ecoturismo se está conservando la flora, la fauna y los recursos naturales de muchos países.

B. Vuelve a leer el texto y marca si son verdaderas o falsas estas afirmaciones.

	V	F
a. El turismo ecológico o ecoturismo es lo mismo.	☐	☐
b. El turismo ecológico respeta a las poblaciones locales.	☐	☐
c. El turismo verde es sinónimo del turismo ecológico.	☐	☐
d. El ecoturismo no puede conservar cultura y patrimonios.	☐	☐

C. Di si estas actividades pertenecen al turismo ecológico o no. Justifica tu respuesta.

a. Un safari fotográfico. Sí ☐ No ☐

b. Dormir en un bosque. Sí ☐ No ☐

c. Observar ballenas. Sí ☐ No ☐

d. Observar flores. Sí ☐ No ☐

e. Bañarse en una playa. Sí ☐ No ☐

f. Ayudar a especies en extinción. Sí ☐ No ☐

2. Relaciona las columnas para formar oraciones condicionales. Conjuga los verbos en presente.

Si +

a. (llover) .... mucho,

b. (olvidar, yo) .... la cámara de fotos,

c. (estar, nosotros) .... cansados,

d. (tener, vosotros) .... sed,

e. (perderse, tú) .... en la selva,

f. (tener, nosotros) .... hambre,

1. (beber, vosotros) .... agua.

2. (llamar, tú) .... por teléfono al guía.

3. (tomar, yo) .... un paraguas.

4. (hacer, yo) .... fotos con el móvil.

5. (comer, nosotros) .... chocolate o frutos secos.

6. (deber, nosotros) .... sentarnos.

2 ORGANIZA TU EXCURSIÓN

1. A. Lee las preferencias de estas personas. Después, relaciónalas con la imagen correspondiente y con un tipo de excursión.

1. excursión a la montaña | 2. excursión a la playa
3. excursión a un parque de atracciones | 4. excursión a un parque acuático

Juan: Me gustan los juegos, las norias, los espectáculos… y pasarlo muy bien.

Alba: Soy muy deportista y aventurera. Me encanta hacer alpinismo.

Manuel: Me encanta nadar y lo que más me gusta es estar en la piscina.

Carmen: Soy de Cádiz y me encanta bañarme en el mar y tomar el sol en verano.

B. ¿Qué excursión prefieres tú?, ¿conoces otros tipos de excusión?

....
....

2. A. Estas personas hablan sobre sus excursiones preferidas. Escúchalas y relaciónalas con las imágenes.

11

a Luna y Lena

b Moisés

c Micaela

1

2

3

B. Vuelve a escuchar la audición y marca con un color diferente la información de cada uno.

11

> **País visitado:** ☐ Panamá ☐ Perú ☐ Suiza ☐ Suecia
>
> **Mes del viaje:** ☐ octubre ☐ enero ☐ agosto ☐ abril
>
> **Duración del viaje:**
> ☐ tres semanas ☐ un mes ☐ un fin de semana ☐ agosto
>
> **¿Qué tipo de excursiones les gustan?:**
> ☐ actividades extremas ☐ de aventura ☐ acuáticas
>
> **Actividades realizada:**
> ☐ caminata ☐ *tirolina* ☐ *rafting* ☐ *puenting*

C. ¿Y tú, qué viaje de los tres prefieres?, ¿por qué? Escribe tu respuesta.

COMPRENSIÓN DE LECTURA

Vas a leer el correo electrónico que Rebeca ha escrito a su amigo Fidel. A continuación, contesta a las preguntas. Selecciona la opción correcta (*a*, *b* o *c*).

Para: Fidel
CC:
Asunto: ¿Me ayudas?

Hola, Fidel:

¿Qué tal estás? ¡Felicidades por el premio!, ¡eres el mejor superviviente! Vi todos los programas y fuiste el mejor concursante de todos 😄😄.

Te escribo porque tengo que darte una buena noticia. Hace unos meses envié la solicitud para participar en el nuevo programa de *Superviviente*, y no te lo vas a creer, pero me han seleccionado como concursante. Hice el *casting* el miércoles pasado, y ayer me llamaron de la tele para decirme que soy uno de los 16 concursantes, ¡estoy muy contenta, la verdad!

Los organizadores del concurso me dijeron que tengo que prepararme física y mentalmente porque este año va a ser más difícil.

El año pasado estuvisteis en Tailandia, en la isla de Ko Lanta, pero este año vamos a estar en América del Sur, en Honduras, en unas islas llamadas los Cayos Cochinos. He visto fotografías y son unas islas preciosas. Tengo muchas ganas de ir porque va a ser una experiencia increíble, pero ¡ay!, estoy un poco nerviosa porque no sé pescar ni hacer fuego y además mi orientación no es muy buena y no me gusta mucho el coco… ¿crees que puedo ser una buena concursante?

Yo creo que tengo muchas posibilidades de ganar porque sé nadar muy bien, estoy en forma y soy una persona muy divertida y extrovertida.

Tú tienes mucha experiencia porque eres el ganador y ahora necesito tu ayuda y tus consejos para prepararme. Si quieres, el sábado podemos vernos, ¿puedo pasar por tu casa a las cinco y hablamos?

Espero tu respuesta.

Un abrazo,
Rebeca

PREGUNTAS

1 Rebeca ha escrito a Fidel para:

a. informarle de algo.
b. darle una mala noticia.
c. explicarle un problema personal.

2 En el texto se dice que Rebeca es una:

a. compañera de clase de Fidel.
b. concursante de un programa.
c. organizadora del programa.

3 Según el texto, Fidel:

a. estuvo en los Cayos Cochinos.
b. fue el ganador del programa anterior.
c. comió coco el año pasado.

4 Según el texto, Rebeca no sabe:

a. hacer fuego, pescar y nadar.
b. pescar, nadar y abrir cocos.
c. pescar, hacer fuego y orientarse.

5 Rebeca le pide a Fidel:

a. una cita para hablar.
b. una guía de viajes de Honduras.
c. ayuda para ir a Ko Lanta.

12 Vas a escuchar una parte de un programa de radio y debes responder a seis preguntas. La audición se repite dos veces. Lee las preguntas y selecciona la opción correcta (*a*, *b* o *c*).

PREGUNTAS

1 En esta noticia, se informa de que el turismo ecológico:

a. ya no está de moda.
b. es un tipo de turismo nuevo.
c. es muy popular ahora.

2 Costa Rica es desde la década de los 90 un:

a. país con un turismo tradicional.
b. país alternativo.
c. referente mundial en este tipo de turismo.

3 Para una persona *ecoturista*, Costa Rica es:

a. una mala opción de viaje.
b. su destino de vacaciones.
c. un paraíso artificial.

4 La primera reserva natural de Costa Rica se fundó en:

a. 1970.
b. 1973.
c. 1963.

5 Costa Rica tiene el 25 % de su territorio con:

a. playas y animales exóticos.
b. vías verdes.
c. zonas verdes, naturales y protegidas.

6 En la audición, se dice que se pueden:

a. hacer muchas actividades diferentes.
b. visitar zonas rurales y urbanas.
c. hacer solo actividades en el agua.

1 AMOS DE CASA

1. En la revista *Cambiar de vida* hay dos historias de amos de casa. Lee, subraya los aspectos positivos y rodea los negativos de este cambio de vida.

Mi situación es nueva

Actualmente no trabajo porque he decidido dedicarme a la casa y a mis dos hijos pequeños.

Antes era informático y tenía unos horarios incompatibles con mi vida familiar. Salía del trabajo a las 21:00 y llegaba a casa a las 22:00, no tenía tiempo para ver a mis hijos. Hoy mi vida es mucho más relajada, puedo hacer el mismo trabajo que cuando iba a la empresa, pero desde casa. Antes veía a mis clientes y compañeros, pero ahora no.

Momento de adaptación

En la actualidad no trabajo y es difícil para mí esta situación. Antes trabajaba en una empresa química.

En aquel tiempo vivía con mucho estrés porque viajaba todas las semanas a Berlín. Me gustaba mucho mi trabajo, pero también quería pasar más tiempo con mi pareja y mi hija.

Hoy estoy en casa y me ocupo de mi hija porque mi mujer trabaja todo el día. Ahora estoy mucho más tranquilo y no tengo estrés.

2 TAREAS DOMÉSTICAS

1. A. Observa las imágenes y relaciónalas con la opción correspondiente.

1. hacer la cama | 2. pasar el aspirador | 3. barrer el suelo | 4. tender la ropa | 5. fregar el suelo | 6. planchar la ropa

a
b
c
d
e
f

B. ¿A ti te gusta hacer estas tareas domésticas? Escribe frases y da tu opinión. Utiliza estas expresiones: *me encanta… / (no) me gusta… / no me importa… / (yo) odio… / no me gusta nada*

a. ....

b. ....

c. ....

d. ....

e. ....

f. ....

2. Lee los textos de estas personas que comparten piso y complétalos con las tareas y con las expresiones correspondientes para expresar gustos.

Me gusta / Me encanta   🙂 / 😊

No me importa   😐

No me gusta   🙁

No me gusta nada / Odio   😣😞

1. tirar la basura
2. hacer la compra
3. lavar los platos
4. poner la lavadora
5. pasar la aspiradora
6. barrer el suelo
7. planchar la ropa
8. cocinar

Vivo con mi amiga Laura, y no tengo mucho tiempo para hacer las tareas domésticas del piso.

Tengo alergia a los ácaros y tenemos que limpiar a menudo. (😣🙁) ....

(🖼) ...., pero (😐) .... (🖼)

.... y (😊) ....

(🖼) .... para todos, preparo platos muy

buenos y (🙂) .... (🖼) ....

No me gusta hacer las tareas domésticas, pero como vivo con un amigo tenemos que organizarnos.

(🙁) .... (🖼)

........................., pero (😐) ....

(🖼) ....

Además, (🙂) .... (🖼)

.... y (😊) .... (🖼)

....

3   ANTES Y AHORA

1. A. Lee de nuevo los textos del ejercicio 1 de la página anterior. Subraya las expresiones de tiempo y los verbos en pretérito imperfecto. Después, conjuga un verbo de cada terminación.

-ar	-er	-ir
—	—	—
—	—	—
—	—	—
—	—	—
—	—	—
—	—	—

B. Ahora, completa la conjugación de los tres verbos irregulares en imperfecto.

ser	ir	ver
—	—	—
—	—	—
—	—	—
—	—	—
—	—	—
—	—	—

2. Relaciona y forma frases, conjuga los verbos en presente o pretérito imperfecto según corresponda.

a. Cuando (vivir, ellos) .... en Francia,

b. Cuando Darío (ir) .... a la universidad,

c. En aquella época, (ver, tú) ....

d. Cuando Raúl (ser) .... pequeño,

e. Antes mis amigos y yo (salir) ....

f. En aquellos tiempos, mis padres (querer) ....

1. (comer, él) .... mucha carne, ahora (ser, él) .... vegetariano.

2. (estudiar, él) .... en la biblioteca. Hoy (estudiar, él) .... en casa.

3. comprar una casa en la playa. Les (gustar) .... Valencia.

4. (trabajar, ellos) .... en Correos.

5. todas las noches. Ahora solo (salir, nosotros) .... los sábados.

6. mucho a tus amigos. Ahora (contactar, tú) .... con ellos por Facebook.

1 ANTES Y DESPUÉS DE LOS ELECTRODOMÉSTICOS

1. A. Lee los textos y relaciónalos con el nombre del electrodoméstico correspondiente.

1. el robot de cocina | 2. la freidora | 3. el radiador | 4. la aspiradora | 5. la cafetera | 6. el exprimidor

a ◯
A mis hijos y a mi marido les encantan las patatas fritas y las croquetas.

Sirve para freír con aceite…

b ◯
Tomo café con leche todas las mañanas y a media tarde.

Sirve para hacer café…

c ◯
No me gusta mucho cocinar, pero me gusta comer bien.

Sirve para preparar comidas sin mucho esfuerzo…

d ◯
En invierno en mi casa hace mucho frío.

Sirve para calentar una habitación…

e ◯
Me gusta limpiar y tener la casa limpia.

Sirve para quitar el polvo…

f ◯
Me gusta mucho el zumo natural de naranjas, mandarinas y pomelos.

Sirve para sacar el jugo de las frutas…

B. Ahora, escribe el nombre de estos electrodomésticos.

a. ....

b. ....

c. ....

d. ....

e. ....

f. ....

C. Subraya en los textos el verbo relacionado con cada electrodoméstico y completa la tabla.

exprimidor	freidora	robot de cocina	radiador	cafetera	aspiradora

2. ¿Qué cinco electrodomésticos son imprescindibles para ti? ¿Tienes estos electrodomésticos en casa? Escribe frases para justificar tu elección.

a. ....

b. ....

c. ....

d. ....

e. ....

3. Observa las imágenes. Escribe frases explicando cómo era la vida antes y cómo es ahora con electrodomésticos. Utiliza las expresiones de tiempo y estos verbos.

lavar | calentar | limpiar

a

antes   ahora

b

antes   ahora

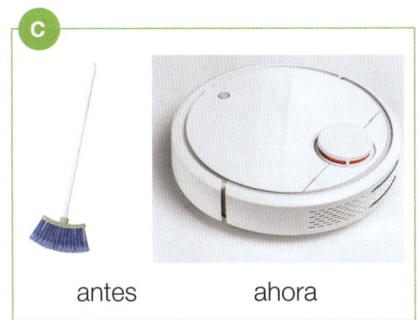

c

antes   ahora

a. ....

b. ....

c. ....

4. A. Lee y completa los textos con estas palabras.

modelo | electrodoméstico | prototipos | ligera | químico | historia | éxito

a **La cafetera**

A principios del siglo XIX, un farmacéutico y .... francés creó la primera cafetera de la ....

Este invento fue un éxito y tuvo muchas imitaciones.

Ahora, la cafetera está presente en el 90 % de las casas.

b **La tostadora**

La primera tostadora eléctrica tuvo mucho ....

La inventó un escocés en 1893.

En 1909 la empresa General Electric comercializó el .... D-12. Se hicieron muchos .... para llegar a la tostadora que tenemos en casa hoy.

c **La batidora**

Fue inventada en 1908 por un estadounidense.

No era una batidora ...., sino un .... grande que no se podía mover de la mesa.

En la actualidad hay modelos muy modernos y con muchas funciones.

B. Ahora, marca la opción correcta.

	La cafetera	La tostadora	La batidora
a. ¿Qué electrodoméstico se inventó en el siglo XX?			
b. ¿Qué electrodoméstico no se inventó en Europa?			
c. ¿Cuál fue el invento más imitado?			
d. ¿De qué electrodoméstico se hicieron más modelos?			
e. ¿Qué electrodoméstico no era muy ligero?			

1 CAMBIAR DE VIDA

1. A. La revista *Cambiar de vida* ha publicado esta entrevista. Léela y complétala con los verbos en presente o en pretérito imperfecto.

CREE EN TI... SIEMPRE

Elena, actriz

a. ¿A qué se dedica?
Soy actriz y (estar) .... trabajando en un proyecto muy interesante con un director de cine español muy importante. Ya he trabajado en algunas series españolas de mucho éxito, pero ahora (estar, nosotros) .... preparando una película. ¡Es mi primera película! (Tener) .... el papel protagonista y (estar) .... contenta, pero muy, muy nerviosa también.

b. ¿Cómo era su vida antes?
Uf, (ser) .... muy tranquila. (Estudiar) .... en la universidad Arte Dramático y por las tardes (ir) .... a un teatro donde (aprender) .... técnicas teatrales, también (hacer) .... teatro de improvisación una vez al mes, ¡este tipo de teatro es muy difícil!, pero (gustar) .... mucho. Cuando (tener) .... tiempo, (quedar) .... con mis amigos para ir al cine. Con 22 años, (estar) .... estudiando el último año de carrera y (soñar) .... con salir en la televisión.

c. ¿Cómo es su vida ahora?
Ahora, con 33 años, mi vida (ser) .... muy diferente. No (tener) .... mucho tiempo para estar con mi familia, mi novio y mis amigos. (Vivir) .... sola en Madrid, antes (vivir) .... en Santiago de Compostela y (compartir) .... piso con dos actrices que (trabajar) .... conmigo. (Pasar) .... mucho tiempo en los estudios de grabación. (Tener) .... unos horarios muy complicados. (Salir) .... de casa a las 9:00 y no (volver) .... hasta las 24:00. Siempre (estar) .... muy cansada, pero (gustar) .... mucho mi trabajo.

d. ¿Está contenta con el cambio?, ¿por qué?
Sí, sí, (estar) .... muy feliz. Cuando (ser) .... pequeña, con 10 años, (ser) .... muy tímida, ¡he cambiado mucho! Además, ahora soy mejor actriz que antes. Hoy (ser) .... famosa en España, pero (esperar) .... hacer muchas más películas y un día poder trabajar en Hollywood. (Pensar, yo) .... que lo más importante es creer en uno mismo para triunfar en la vida 😊.

B. Lee de nuevo la entrevista y subraya las referencias temporales.

C. Lee la información de Gabriel y escribe un texto similar al anterior. Conjuga los verbos en presente o en pretérito imperfecto.

EL SECRETO ESTÁ EN SOÑAR

a. ¿A qué se dedica? (Ser) .... músico en una orquesta internacional de Berlín, (dar) .... conciertos y (tocar) .... el saxofón.

b. ¿Cómo era su vida antes? (Ser) .... tranquila, (vivir) .... en Soria, (estudiar) .... en el conservatorio, (aprender) .... alemán, (salir) .... con mis amigos, (ir) .... al cine...

c. ¿Cómo es su vida ahora? (Viajar) .... mucho por Europa, (ensayar) .... para los conciertos y no (ver) .... a mi familia y amigos.

d. ¿Está contento con el cambio?, ¿por qué? Sí, (hacer) .... lo que me gusta, (conocer) .... músicos y (disfrutar) .... en mi trabajo.

2 LA VIDA DE AGUSTINA

1. Observa las imágenes de la vida de Jimena y ordénalas cronológicamente. Después, escribe frases en presente o en pretérito perfecto simple.

casarse | graduarse | ~~ser~~ | comprar | pintar | tener | viajar | trabajar

a Ahora, de mayor, con 67 años… ◯

b Cuando tenía 34 años… ◯

c A los 7 años… ◯

d Cuando tenía 27 años… ◯

e A los 37… ◯

f Cuando era pequeña… ①

g Cuando tenía 30 años… ◯

h A los 21… ◯

1. *Cuando era pequeña, era rubia.*
2. ....
3. ....
4. ....
5. ....
6. ....
7. ....
8. ....

2. Completa las frases con presente, pretérito perfecto simple o imperfecto.

a. Con 22 años, Julia y Pedro (viajar) .... a París.

b. Ahora, de mayor, con 72 años mi madre (ocuparse) .... de mis hijos.

c. Con 39 años, (divorciarse, yo) .... de mi marido.

d. Ahora, con 52 años, (vivir) .... en Murcia.

e. Cuando Rubén (tener) .... 5 años, (ser) .... muy hablador y extrovertido.

f. Cuando mis padres (tener) .... 30 años, (nacer) .... yo.

3. Tres personas hablan sobre su infancia. Escucha y marca con un color diferente la información del pasado de cada uno.

13

Edad: ☐ 40 ☐ 27 ☐ 52 ☐ 62

Color de pelo: ☐ pelirrojo/a ☐ rubio/a ☐ moreno/a ☐ castaño/a

Carácter: ☐ activo/a y sociable ☐ alegre y simpático/a ☐ tímido/a e introvertido/a ☐ alegre

Comida preferida:
☐ salmón con verduras ☐ paella ☐ carne con patatas ☐ pollo con patatas

Actividades: ☐ leer ☐ atletismo ☐ pintar ☐ dibujar

Noemí   Matías   Estela

COMPRENSIÓN DE LECTURA

Vas a leer el correo electrónico que Paula ha escrito a su amiga Irene. A continuación, contesta a las preguntas. Selecciona la opción correcta (*a*, *b* o *c*).

Sin título

Mensaje **Opciones**

Enviar Pegar | N K S abe | Adjuntar archivo Imágenes Firma ▾ Hipervínculo ▾ | ! Prioridad alta ↓ Prioridad baja Comprobar nombres

Para: Irene

CC:

Asunto: ¡Cuánto tiempo!

Hola, Irene:

¿Qué tal estás?, ¡ha pasado tanto tiempo! Hace más de cuatro años que no tengo noticias tuyas. No he podido escribirte antes porque perdí la agenda donde tenía tu correo ☹.

La semana pasada Juan me envió una carta para invitarme a su boda, ¿te acuerdas de él? Fuimos novios el primer año de la universidad, en la carta estaba su número de teléfono y lo llamé, ¡estuvimos hablando más de una hora! Hablamos de cuando los tres éramos jóvenes y estudiábamos juntos en la universidad, ¡qué recuerdos! Le pedí tu correo electrónico y por eso te escribo ahora, ¡estoy muy contenta! 😃

Actualmente vivo en Francia y he perdido el contacto con los compañeros de la universidad. Además, me casé hace tres años y tengo una hija de un año y medio y un niño de 2 meses. La niña se llama como tú, Irene, siempre me ha gustado tu nombre.

Cuando estaba en la universidad, no quería casarme ni tener hijos y, bueno, ahora que tengo 37 años todo es muy diferente; con los niños y con el trabajo estoy muy ocupada y no tengo mucho tiempo libre, y tú, ¿te has casado con Roger?, ¿tienes hijos?, ¿dónde vives ahora?

Juan me dijo que tú también estás invitada a su boda, ¿vas a ir, verdad? Es el 12 de abril, ya he comprado el billete de avión y espero verte allí. Tengo muchas ganas de hablar contigo y de presentarte a mi marido, Thierry.

Escríbeme o llámame, te dejo mi número (0033625696769), ¿vale?

Espero tu correo o tu llamada. ¡Hasta pronto!

Un beso,
Paula

PREGUNTAS

1 Paula no le escribió a Irene antes porque no:

a. tenía tiempo para hacerlo.
b. tenía su *e-mail*.
c. le gusta escribir correos electrónicos.

2 En el texto se dice que Juan es:

a. el hermano de Roger.
b. el amigo de Thierry.
c. el exnovio de Paula.

3 Según el texto, Juan escribió a Paula para:

a. darle el *e-mail* de Irene.
b. invitarla a su boda.
c. hablar de cuando eran jóvenes.

4 Según el texto, el 12 de abril es:

a. la boda de Juan.
b. el aniversario de boda de Juan.
c. el cumpleaños de Juan.

5 Paula quiere:

a. tener otro hijo.
b. conocer a Roger.
c. tener respuesta de Irene.

COMPRENSIÓN AUDITIVA

14 Vas a escuchar una conversación entre un periodista y una escritora famosa. La conversación se repite dos veces. Lee las preguntas y selecciona la opción correcta (*a*, *b* o *c*).

PREGUNTAS

1 Según la audición, Sandra es una escritora de éxito en:

   a. América Latina.
   b. España y América Latina.
   c. España.

2 La última novela de Sandra salió a la venta:

   a. hace dos semanas.
   b. esta semana.
   c. la semana pasada.

3 En la audición, se dice que se han vendido:

   a. dos mil ejemplares.
   b. doce mil ejemplares.
   c. mil ejemplares.

4 En la audición, se dice que Sandra quería ser de pequeña:

   a. veterinaria.
   b. periodista.
   c. escritora.

5 De pequeña, Sandra leía y escribía:

   a. canciones.
   b. un diario.
   c. cuentos.

6 Para escribir, Sandra se inspira en su vida, sus viajes y:

   a. sus novelas anteriores.
   b. su familia.
   c. las cosas que ha vivido.

1 TIPOS DE MÚSICA

1. Observa las imágenes y relaciónalas con el texto correspondiente.

a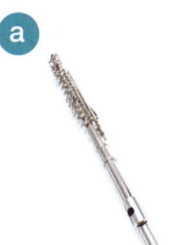
b
c
d

1 Es un instrumento de viento.
Es de metal y de color dorado.
Está asociado con la música popular y el *jazz*.

2 Es un instrumento de música de madera o metal que tiene seis cuerdas. Está asociado con España. Imprescindible en el flamenco y en el *blues*, *rock* y *heavy metal*.

3 Es un instrumento de madera que tiene cuatro cuerdas y es de origen italiano.
Es el protagonista en las orquestas y en la música *country*.

4 Es un instrumento musical de viento muy antiguo.
Es de madera o metal, pero también podemos encontrarlo de plástico, cristal o porcelana.

2. Subraya el intruso. Luego, relaciona las palabras con su tema.

a. guitarra, violín, flauta, contrabajo

b. *jazz*, *funk*, batería, *hip hop*

c. piano, trompeta, flauta, clarinete

d. cantar, coro, ritmo, tango

1. Instrumentos de viento

2. Relacionado con la música

3. Estilos musicales

4. Instrumentos de cuerda

2 AFICIONES

1. A. Observa las imágenes y relaciónalas con el tipo de afición.

1. club de lectura | 2. costura | 3. curso de cocina | 4. escultura | 5. jardinería | 6. jugar al ajedrez

a
b
c

....

d
e
f

....

B. ¿Qué afición te parece más interesante?, ¿haces alguna de esas actividades?

....

....

2. A. Lee los textos y subraya los instrumentos, los estilos musicales y las aficiones. Después, completa las tablas.

Ruth

Empecé a tocar el violín cuando tenía 9 años. Iba a clases de solfeo dos veces a la semana, pero a los 18 años dejé de ir por falta de tiempo y porque empecé a estudiar en la universidad.

Me encantan todos los estilos musicales, pero prefiero el pop y el *rock* y, cuando conduzco, me gusta escuchar *jazz*.

Ahora he vuelto a tocar el piano y he empezado a hacer teatro.

Raúl

Ayer empecé a ir a clases de salsa con mi pareja, por el momento no bailamos muy bien 😊😊, dejamos de ir a las clases de tango porque era un baile muy difícil.

Toco la flauta desde que iba al colegio y he vuelto a ir a clases de música porque ahora tengo más tiempo libre.

Para despertarme por las mañanas escucho música disco y *rap*, y por las noches antes de dormir escucho soul.

Matilde

En este momento bailo flamenco y toco la guitarra clásica.

Empecé a bailar a los 15 años *hip hop* en una escuela de danza, pero no me gustaba mucho y dejé de ir.

Tengo muchas aficiones. Voy a un club de lectura una vez al mes y he empezado a ir a clases de costura. ¡Me encanta coser!

Para relajarme escucho música clásica y, cuando cocino, prefiero escuchar música latina.

instrumentos	estilos musicales	aficiones

B. Lee de nuevo los textos, subraya las expresiones verbales y completa las tablas.

indica repetición de un hábito	expresa el final de un hábito	indica el comienzo de una acción

3. Completa las frases con una expresión verbal. Conjuga el verbo en el tiempo correspondiente.

empezar a | volver a | dejar de

a. Jaime .... tocar el piano cuando era pequeño.

b. Mis amigos .... bailar salsa después de muchas semanas sin bailar.

c. Después de tres años, mi hijo .... cantar en un coro, pero era muy bueno.

d. Para relajarse Mariana .... escuchar música clásica por la mañana.

e. Mi pareja y yo, por falta de tiempo, ... ir a las clases de teatro.

f. Después de muchos meses, (yo) .... escuchar música *country*.

1 EL REGUETÓN

1. A. Lee estos estilos musicales y complétalos con *se* + verbo en presente.

mezclar | caracterizar | practicar | deber | bailar

El **flamenco** es un género musical español que integra el baile, el cante y la música de guitarra. Es un arte andaluz de una intensidad emocional muy profunda. El baile .... por sus movimientos de brazos y pies. .... solo.

El flamenco nace en el siglo XVIII y su origen .... buscar en Andalucía. Es el resultado de una mezcla cultural: gitana, árabe, cristiana y judía en la que también .... la influencia africana, caribeña, de bailes tradicionales de España y de la India.

Los temas centrales del flamenco son el dolor, la soledad, el amor, la pasión y la alegría.

Hoy en día .... en todo el mundo, y en Japón es un baile muy popular.

bailar | originar | llamar | considerar

La **rumba** es un género musical tradicional que .... en Cuba en el siglo XIX. Tiene raíces africanas y .... la base de bailes latinos como, por ejemplo, la salsa.

En este baile es importante el ritmo y los movimientos del cuerpo. Los tambores y los cantantes son muy importantes. .... solo o en pareja.

En España la rumba cubana .... rumba flamenca, rumba catalana…

creer | considerar | usar | encontrar

El **merengue** es uno de los grandes géneros musicales latinoamericanos. Su origen .... a finales del siglo XIX en la República Dominicana.

.... un baile popular fácil y divertido de aprender. .... la guitarra, el acordeón, el contrabajo y el tambor como instrumentos más típicos.

.... que su nombre puede estar relacionado con el dulce ligero y espumoso hecho con azúcar y claras de huevo que tiene el mismo nombre porque sus ritmos son precisos y ligeros también.

B. Vuelve a leer los textos y marca la opción correcta.

	flamenco	rumba	merengue
a. Se puede bailar solo.			
b. Se originó en un país europeo.			
c. Su nombre se asocia con un postre de color blanco.			
d. Se ha popularizado mucho en un país asiático.			

2. Completa las frases con la preposición *con* y el pronombre adecuado.

a. Carmen quiere ir (Marta) .... a la escuela de canto.

b. ¿Puedo ir (tú) .... a la clase de salsa?

c. Marcos y Ernesto vinieron (yo) .... a ver la última película de Almodóvar.

d. Voy a ir (tú y tus amigos) .... al concierto de música electrónica.

e. (Yo) .... puedes escuchar música pop.

f. ¿Quieres bailar (Isaac) .... este reguetón?

3. Vas a escuchar información sobre el tango y la salsa, marca con un color diferente la información de cada uno.

a. El tango   b. La salsa

Ciudad de origen: ☐ Montevideo ☐ Buenos Aires ☐ Pompeya ☐ Nueva York

Siglo: ☐ XVIII ☐ XIX ☐ XX

Instrumentos utilizados: ☐ dos ☐ tres ☐ cuatro ☐ cinco

Influencias e inspiración: ☐ flamenco ☐ milonga ☐ cumbia ☐ merengue

Patrimonio cultural inmaterial: ☐ sí ☐ no ☐ no se sabe

4. Lee y transforma estas frases utilizando *se* impersonal.

a. En el Sónar escuchamos música electrónica y experimental.

....

b. En un festival de música de Almería podemos bailar hasta muy tarde.

....

c. Los españoles pueden ir en verano a Santander a escuchar música clásica.

....

d. Los maestros del *jazz* tocan en festivales de música importantes.

....

e. Los jóvenes españoles bailan reguetón en fiestas y discotecas.

....

5. Escribe los adjetivos correspondientes a estos adverbios y después búscalos en la sopa de letras.

a. rápidamente: ....

b. generalmente: ....

c. curiosamente: ....

d. sinceramente: ....

e. seguramente: ....

f. solamente: ....

g. difícilmente: ....

h. cariñosamente: ....

i. últimamente: ....

j. suavemente: ....

Q	F	R	T	J	O	E	S	Q	D	I	D	C
R	A	E	A	I	B	Y	E	M	I	X	N	A
W	C	L	H	P	F	V	G	U	F	A	W	R
C	T	Q	C	E	I	B	U	R	I	H	A	I
P	I	V	A	A	Ñ	D	R	G	C	K	T	Ñ
A	C	U	R	I	O	S	O	B	I	R	E	O
G	I	P	A	E	G	I	J	S	L	H	A	S
E	Ñ	R	I	M	S	A	N	U	W	I	F	O
N	C	S	A	O	H	U	X	A	O	A	C	G
E	E	F	W	R	B	Q	V	V	E	S	S	E
R	A	Z	E	S	I	N	C	E	R	O	G	Ñ
A	T	C	B	C	R	Z	E	A	T	L	N	J
L	U	W	D	O	U	L	T	I	M	O	P	Y

1 NO SOLO MÚSICA

1. Observa las imágenes de estos tipos de turismo alternativo y relaciónalos con los textos.

a

Turismo gastronómico

1 Los turistas que practican este tipo de turismo buscan actividades en lugares con un clima agradable para disfrutar del mar.
Es una modalidad de turismo muy común en los países del Mediterráneo.

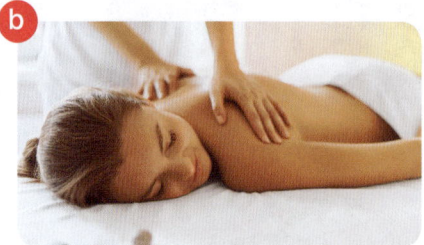
b

Turismo de salud

2 Estos turistas viajan a países o regiones de todo el mundo para conocer y probar la comida típica y tradicional.
Hay varias rutas de comida muy conocidas, por ejemplo, la ruta del jamón ibérico en España o la ruta de los mil sabores del mole en México.

c

Turismo de sol y playa

3 Este turismo se divide en dos grupos: el médico y el de bienestar.
El primero consiste en viajar a otros países para hacer un tratamiento para alguna enfermedad o para realizar una cirugía estética, y en el segundo se pueden hacer actividades para relajarse en *spas* y piscinas.

2. A. Lee este texto sobre el turismo *slow* y complétalo con estas palabras.

rurales | alojamientos | integración | sostenible | viento | ritmo | pueblos

TURISMO *SLOW*

8-7-2019　　　　　　　　　　　　　　　　　　　　　　　　　Ed. 128372

En la década de los 80 nació el movimiento *slow* o movimiento lento. Este movimiento turístico reivindica el .... lento, la .... del turista en el destino, la comida gastronómica local y estar cerca de la naturaleza de manera ....

El concepto *slow* ha llegado también a España y muchas ciudades españolas lo han adaptado. Hay varios .... lentos en España y están en las comunidades autónomas del País Vasco, Cataluña, Aragón y Valencia. El turismo *slow* es muy importante ahora en Galicia y en la costa me-

diterránea. Menorca es una isla muy tranquila, y es un ejemplo de destino *slow* por sus restaurantes, ... y actividades en contacto con la naturaleza.

La isla más pequeña de las islas Canarias, la isla de El Hierro, es también un ejemplo perfecto del turismo *slow*. Es la primera isla autosuficiente del mundo que produce su energía con el ...., el agua y el sol.

Perfil del turista *slow*:
- Persona entre 25 y 65 años.
- Sus vacaciones son de una semana mínimo.

- Prefiere los hoteles pequeños, casas .... o refugios.
- No planifica sus viajes e improvisa.
- Le encanta hacer fotografías y el deporte.
- En su viaje es importante descubrir el patrimonio cultural y natural del lugar.

B. Lee el texto otra vez y marca si son verdaderas o falsas estas afirmaciones.

	V	F
a. El movimiento turístico *slow* reivindica 5 cosas.	☐	☐
b. El turismo *slow* da importancia a la gastronomía y la naturaleza.	☐	☐
c. El concepto *slow* también está en España.	☐	☐
d. Hay tres islas españolas que son ejemplos de turismo *slow*.	☐	☐
e. Un turista *slow* tiene más de una semana de vacaciones.	☐	☐
f. La planificación es fundamental en el turismo *slow*.	☐	☐

2 ¿QUEDAMOS?

1. A. Iris y Laura están en Salamanca leyendo la guía de turismo de la ciudad. Relaciona las rutas con los textos correspondientes.

ruta literaria | ruta gastronómica | ruta del arte urbano | ruta modernista | ruta religiosa

a. ....

En Salamanca se come muy bien. Es una ciudad muy conocida por sus embutidos y carnes. El chorizo y el jamón ibérico son muy famosos tanto dentro como fuera de España.

b. ....

¿Te gusta entrar en iglesias, conventos y catedrales? En esta ruta vas a visitar dos bonitas catedrales y una decena de iglesias.

TURISMO EN SALAMANCA

Ciudad patrimonio de la humanidad

c. ....

Si te gustan los libros y quieres conocer la figura de Miguel de Unamuno, un escritor español muy importante, puedes pasear por muchos lugares relacionados con él en Salamanca: la universidad, la Casa museo, la plaza Mayor.

d. ....

Salamanca tiene una fantástica ruta de edificios modernos muy interesantes que te van a gustar mucho. La ciudad tiene un puente del siglo XIX, el Museo de Art Nouveau y Art Déco dentro de la Casa Lis y una plaza de toros.

e. ....

Salamanca creó en 2013 una ruta artística contemporánea para revitalizar el Barrio del Oeste. Esta galería urbana es muy interesante.

B. Imagina que estás en Salamanca. ¿Qué ruta prefieres?

....

2. Iris y Laura piensan qué hacer en Salamanca. Completa el diálogo con las expresiones de la página 95 del libro del alumno.

P proponer | Q quedar | ☺ aceptar | ☹ rechazar | E excusa | J justificación

Iris: Hola, Laura, ¿(hacer la ruta de arte urbano, P1) ....?

Laura: ¡(☹) .... + (E) ....!

Iris: Bueno, ¿(ir de tapas, P2) ....?

Laura: (☺) ...., (encantar-comer, J) ....
¿(Venir, Pablo, P3) ....?

Iris: ¿(Quedar, 13:00, Q1) ....?

Laura: (☹) ...., ¿(quedar, 14:00, Q2) ....?

Iris: (☺) ....

Laura: ¡Genial!

COMPRENSIÓN DE LECTURA

Vas a leer el correo electrónico que Itziar ha escrito a su amigo Manuel. A continuación, contesta a las preguntas. Selecciona la opción correcta (*a, b* o *c*).

Sin título

Mensaje | Opciones

Enviar | Pegar | N K S abe | Adjuntar archivo | Imágenes | Firma | Hipervínculo | Prioridad alta | Prioridad baja | Comprobar nombres

Para: Manuel
CC:
Asunto: ¿Qué tal estás?

Hola, Manuel:

¿Qué tal estás?, ¡cuánto tiempo! Perdona el retraso en escribirte, pero estos últimos meses han sido muy difíciles para mí.

Como te conté, por motivos profesionales y desde hace tres semanas, vivo en Sevilla, ¡sí, sí!, en la ciudad donde naciste, pero claro ahora tú ya no vives aquí 😞… ¡vives en Estambul! ¡A mí me encanta Sevilla!, ¡es tan diferente a Bilbao! Y tú, ¿te adaptas al cambio?, ¿te gusta tu nueva vida?

Generalmente, al principio todo es complicado, ¿verdad? Buscar piso, conocer a mis nuevos compañeros de trabajo, adaptarme a la vida en el sur y lo más importante ahora es pensar en las actividades que voy a empezar a hacer aquí.

No conozco a nadie 😊, y como soy una persona un poco tímida, he decidido hacer algunas actividades musicales después del trabajo.

A partir de septiembre, para conocer gente y ocupar algunas tardes libres que tengo, quiero aprender a tocar el saxofón en el conservatorio y quiero volver a inscribirme en un coro de góspel, ¡desde 2015 no canto 😞! Bueno, los dos sabemos que no canto como los ángeles, pero creo que tengo una voz bonita, en Bilbao cantaba en un coro, y además me gusta mucho cantar. Con estas dos actividades puedo ocupar dos o tres tardes a la semana y voy a volver a estar en contacto con la música otra vez, ¿qué piensas tú de mis proyectos?

Otra cosa… ¿sabes si hay algún coro de góspel aquí en Sevilla?, ¿dónde puedo ir a preguntar?, yo estoy buscando coros, pero si tienes algún tipo de información, me escribes, y también me cuentas cosas de tu vida en Estambul, ¿vale?

Escríbeme pronto. Me acuerdo mucho de ti.

Un beso,
Itziar

PREGUNTAS

1 Itziar ha escrito a Manuel para:

a. preguntarle por su viaje a Estambul.
b. hablarle de su vida y de sus proyectos futuros.
c. decirle que vive en Bilbao.

2 En el texto se dice que Itziar está pensando en:

a. hacer actividades los fines de semana.
b. buscar amigos en el conservatorio.
c. hacer actividades para conocer gente.

3 Según el texto, Manuel es:

a. de Bilbao, pero vive ahora en Sevilla.
b. sevillano, pero vive ahora en Turquía.
c. turco y vive en Estambul.

4 Según el texto, Itziar:

a. cantaba en un coro en Bilbao.
b. tocaba el saxofón antes de ir a Sevilla.
c. tenía amigos en un coro de Bilbao.

5 Itziar le pide a Manuel ayuda para encontrar:

a. amigos sevillanos.
b. un coro de góspel.
c. una escuela de música.

COMPRENSIÓN AUDITIVA

16 Vas a escuchar siete anuncios de radio. Los anuncios se repiten dos veces. Lee las preguntas para cada anuncio y selecciona la opción correcta (*a*, *b* o *c*).

PREGUNTAS

1 Según la audición, en la escuela Vivaldi puedes:

a. conocer gente y tener cursos gratis.
b. aprender a cantar y a tocar un instrumento.
c. visitar la escuela todos los martes a las 18:00.

2 El festival de guitarra, según la audición, es en:

a. el mes de junio en Córdoba.
b. una ciudad andaluza en julio.
c. Andalucía los meses de junio y julio.

3 En el parque de la Dehesa hay un:

a. espectáculo de danza a las 21:00.
b. concierto de música clásica por la mañana.
c. concierto gratis con tres cantantes.

4 En este anuncio, se informa de las:

a. cuatro rutas posibles en la ciudad de Cartagena.
b. posibilidades de turismo verde en una ciudad.
c. visitas guiadas por Cartagena.

5 Según la audición, Baila conmigo es:

a. una escuela de música y pintura.
b. una discoteca para bailar salsa y bachata.
c. el nombre de una escuela de baile.

6 En este anuncio, se informa de:

a. las nuevas actividades de verano de la ciudad de Mallorca.
b. las excursiones y visitas para niños en Mallorca.
c. las reservas para las actividades en la playa.

7 Según la audición, hay:

a. actividades en grupos grandes a partir de septiembre.
b. una jornada de puertas abiertas en agosto.
c. cursos de verano todas las semanas.

1 LA CONCIENCIA MEDIOAMBIENTAL

1. A. Observa las imágenes y relaciónalas con el tipo de voluntariado correspondiente.

1. conservación de espacios naturales ◯

2. reutilización de materiales desechables ◯

3. limpieza de playas ◯

4. recuperación de especies animales ◯

B. Lee estos proyectos, complétalos y relaciónalos con un tipo de voluntariado del apartado anterior.

tareas | voluntario | ambiental | solidaria | asociación | paisajes | naturaleza | ecológico | playa | natural

a **Tu ayuda es necesaria**

Si vives en Pontevedra (Galicia) y eres una persona .... con ganas de cuidar el medio ambiente, ¡te estamos esperando!

La .... de La Lanzada es un refugio .... y un año más se pone en marcha este proyecto solidario de voluntariado de recogida de residuos: chapas, latas, botellas de plástico y bolsas.

Si tienes tiempo libre y más de 18 años, puedes participar como ....

¡El medio ambiente te necesita!

Más información en www.lanzada-galicia@ong.org

b **El medio ambiente es de todos**

¿Te gusta estar en contacto con la ....?, ¿clasificas la basura y utilizas envases duraderos?, ¿tienes conciencia ecológica?

Pamplona empieza un nuevo proyecto solidario y .... muy interesante.

Si quieres ayudar y eres bueno en manualidades y bricolaje, tienes que venir a nuestra

....

Aquí nos ocupamos de dar una segunda vida a los envases desechables: botellas y tetrabriks.

Mira nuestra página web: www.asotodos@pamplona.com

c **Colabora con el planeta**

¿Has reducido el consumo de carne de tu alimentación?, ¿comes de forma natural y equilibrada?, ¿haces deporte y utilizas el transporte público y la bicicleta para moverte?

La asociación Montaña limpia está buscando voluntarios para colaborar en los trabajos de mejora .... de los bosques y de los .... de los Pirineos catalanes.

El objetivo es mantener en buen estado la naturaleza y realizar .... de conservación.

¡Te esperamos en los Pirineos!

www.montaña.limpia@pirineos.es

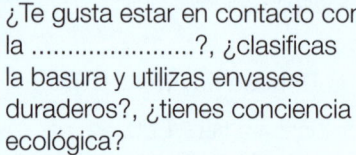

a. ....

b. ....

c. ....

C. Lee de nuevo los textos y subraya las actividades de actitud ecológica.

D. ¿Qué tipo de voluntariado se corresponde con tus gustos? Escribe un texto explicándolo.

....

....

....

2 LOS RESIDUOS EN LA NATURALEZA

1. **Subraya el intruso y relaciona las palabras con su tema.**

a. ir en bicicleta, utilizar envases reciclados, tirar basura al suelo, utilizar envases duraderos

b. bolsa de plástico, bosques, latas, chapas

c. limpieza de montes, reciclaje de residuos, excursión a la montaña, limpieza de playas

d. no utilizar transportes públicos, reciclar, lavar el coche en el campo, utilizar envases desechables

e. cerámica, plástico, papel, vidrio

1. Actitudes no ecológicas
2. Tipos de voluntariado ambiental
3. Materiales reciclables
4. Actitudes ecológicas
5. Residuos en la naturaleza

3 RECICLA

1. **Imagina qué puedes hacer con estos objetos para darles una segunda vida. Escribe frases, como en el ejemplo.**

| a un chicle | b una caja de fruta | c una bañera | d una rueda |

a. *Lo podemos usar para hacer suelas de zapatillas.*

b. ....

c. ....

d. ....

2. **Subraya el objeto directo (OD) y completa las frases con el pronombre correspondiente.**

a. ● Ernesto, ¿vas a reciclar estos periódicos?

   ○ Sí, sí, ... voy a llevar al cubo de reciclaje.

b. ● ¿Qué hacemos con todas estas botellas de cristal, María?

   ○ .... reciclamos.

c. ● Sergio, ¿hago un voluntariado este verano?

   ○ Sí. .... debes hacer, es una oportunidad única.

d. ● Manuel, la campaña de concienciación ambiental es buena.

   ○ .... es, ... ha hecho Álex.

e. Me encantan los objetos hechos de material reciclado y .... hago en casa.

f. ¿Dónde venden las zapatillas Gumshoe? ¿.................... venden por Internet?

1 ¿QUÉ LLEVAMOS EN LA MOCHILA?

1. A. Completa el crucigrama.

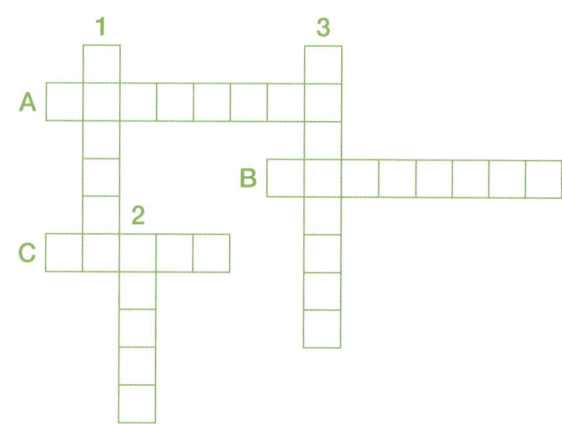

VERTICAL

1. La utilizamos para secarnos.

2. Las usamos para caminar en la montaña.

3. Lo podemos usar para llevar medicinas.

HORIZONTAL

A. Lo podemos poner en la cabeza cuando hace sol.

B. La podemos usar para dar luz.

C. Lo necesitamos para lavarnos.

B. Observa las imágenes. Escribe tres objetos para cada excursión y frases para justificar tu elección.

a. ....

....

b. ....

....

c. ....

....

2 TENEMOS QUE COMPARTIR

1. Tres amigas van a ir a un *camping*. Lee el diálogo y complétalo con los pronombres posesivos correspondientes. Después, completa la tabla.

● Emma, ¿qué quieres que lleve para ir al *camping*?, ¿qué vas a llevar tú?

○ Pues, no sé, la verdad. No he tenido tiempo para organizar nada, lo siento.

● ¿Puedes llevar dos sacos de dormir? Los .... se los presté a Natalia, y el botiquín no sé dónde está, Amaia me ha dicho que va a llevar el ...., pero yo prefiero que lleves el ....

○ Vale, perfecto, llevo el .... ¿Y llevamos linternas?

● Sí, David tiene la .... en casa de mis padres en el campo, pero yo tengo la .... en mi casa y la puedo llevar.

○ ¡Genial, mil gracias! Hum… necesito también un sombrero, el .... no lo encuentro, ¿me puede dejar Marcelo el ....?

● Sí, sí, claro.

○ ¿Amaia y tú tenéis las cámaras de fotos acuáticas preparadas? Vamos a hacer *windsurf* y ¡tenemos que hacer fotos!

● Sí, las .... están preparadas.

○ Bueno, mañana hablamos y seguimos organizando todo.

● Me parece buena idea, ¡hasta mañana!

Singular		Plural	
masculino	femenino	masculino	femenino
—	—	—	—
—	—	—	—
—	—	—	—
—	—	—	—
—	—	—	—
—	—	—	—

3 ¿TIENES TODO LO QUE NECESITAS?

1. Lee el texto y subraya con colores diferentes los pronombres de objeto directo (OD) y de objeto indirecto (OI).

Consumo inteligente: compras de segunda mano

Se ha puesto muy de moda la compra y venta de artículos de segunda mano en plataformas digitales y aplicaciones móviles. Las ventas *on-line* en Wallapop, Vibbo y Segundalia tienen mucho éxito. ¿Las conoces?, ¿te parecen una buena manera de realizar un consumo inteligente?, ¿por qué a muchas personas les encanta comprar cosas de segunda mano?, ¿a ti te gusta comprar de esta manera?

La empresa española Wallapop es la más famosa de las tres. Nació en 2013 con el deseo de dar una segunda vida a los objetos. Wallapop nos permite realizar ventas a través de una aplicación móvil y un chat instantáneo. Los que venden no pagan y esto es lo más interesante.

¿Os animáis a probar esta plataforma?

2. Subraya los pronombres de OD y de OI y escribe a quién se refieren.

a. ● ¿Quién tiene mi saco de dormir?

  ○ Se lo he dado a Marcos. ....

b. ● Arturo, ¿puedes llevar tú la linterna?

  ○ No, no, la lleva Daniel. ....

c. Valeria le pide a su amiga el jabón para ducharse. ....

d. ● ¿Quién me deja un mapa para la excursión?

  ○ Te lo puede dejar mi amigo Simón. ....

e. ● ¿Os llevo el botiquín en mi mochila?

  ○ No, lo llevamos nosotros. ....

f. ● ¿Quién os lleva al *camping* mañana?

  ○ Creo que nos lleva mi hermano Ricardo. ....

g. Les dejamos a Víctor y a Jorge nuestra crema solar. ....

1 COME DE FORMA NATURAL

1. A. Completa la pirámide alimenticia con estas palabras.

chocolate | cereales | dulces | lácteos | frutas | verduras | pescado | carne | legumbres | pasta

a. ....

b. ....

c. ....

d. ....

e. ....

f. ....

g. ....

h. ....

i. ....

j. ....

B. Clasifica los siguientes alimentos.

pollo | pasta | arroz | gambas | salmón | lentejas | atún | zanahoria | melocotón | cordero
yogur | manzana | merluza | garbanzos | piña | queso | trigo | patatas | ternera | leche

frutas y verduras	pescado	legumbres	cereales	carne	lácteos

C. Subraya la palabra intrusa.

a. calamares, atún, merluza, salmón, pollo

b. pepino, cebolla, pimiento, plátano, zanahoria

c. mejillones, pollo, ternera, cordero, cerdo

d. yogur, leche, aguacate, queso, mantequilla

e. pan, pasta, arroz, cereales, gambas

f. piña, manzana, lentejas, plátano, melón

2. A. Lee los textos sobre dietas saludables y complétalos con estas palabras. Después, escribe el nombre de cada dieta.

hortalizas | cultivo | saludables | vegetal | plancha | orgánicos | grasas | estilo de vida | éticas

1. dieta orgánica | 2. dieta vegana | 3. dieta mediterránea

Es más que una dieta, es un verdadero .... y una filosofía.

Las personas que la siguen no comen productos de procedencia animal: carne, huevos, lácteos…

Los productos que consumen son de origen ....: frutas, verduras, legumbres…

Se adopta esta dieta por razones .... y ambientales.

Es una dieta saludable y para completarla es necesario tomar abundantes cantidades de proteínas vegetales y hierro.

Es una de las dietas más ...., equilibradas y conocidas.

Tiene su origen en la alimentación de los países del sur de Europa: España, Grecia e Italia.

Se evita el consumo de grasas y se prefieren los alimentos naturales como las frutas, los cereales, las ...., la carne y el pescado.

Los alimentos se toman a la ...., hervidos, frescos o crudos y se usa el aceite de oliva.

En la actualidad esta dieta está muy de moda.

Las personas que la siguen no toman productos con mucha sal, azúcar y ....

Todos los alimentos que se consumen en esta dieta deben proceder de un .... natural y responsable sin compuestos químicos tóxicos y agresivos.

Una dieta basada en este tipo de alimentos .... es más cara, pero los alimentos tienen un sabor mejor y son más nutritivos.

a. ....

b. ....

c. ....

B. ¿Qué dieta de las anteriores prefieres tú?, ¿por qué?

....

....

3. Andrés y Maya participan en la mesa redonda: ¿Antes se comía mejor que ahora? Escucha y marca con un color diferente la información de cada uno.

17

Andrés   Maya

Se comía mejor: ☐ antes ☐ ahora

Su dieta es: ☐ mediterránea ☐ orgánica ☐ vegana ☐ poco sana

Compra de manera ecológica: ☐ sí ☐ no

¿Dónde compra sus alimentos?: ☐ mercado ☐ supermercado bío ☐ supermercado

Ser vegano es: ☐ una filosofía de vida ☐ una moda ☐ una forma de comer sana

COMPRENSIÓN DE LECTURA

Vas a leer el correo electrónico que Raquel ha escrito a su amigo Félix. A continuación, contesta a las preguntas. Selecciona la opción correcta (*a*, *b* o *c*).

Para: Félix
CC:
Asunto: Voluntariado

Hola, Félix:

¿Qué tal estás?, ¿todo bien? Te escribo porque tengo algo muy interesante que contarte 😄.

En dos semanas empiezan mis vacaciones, y este año he decidido colaborar en el cuidado del planeta, ya sabes que soy una persona muy ecológica y estoy muy implicada en algunos proyectos de protección del medio ambiente; voy todos los martes por la tarde a una asociación donde hacemos nuevos objetos con materiales reciclados.

Esta mañana de casualidad he visto en Internet un anuncio del Ayuntamiento de San Javier. Están buscando voluntarios para realizar tareas de limpieza de las playas del mar Menor. El voluntariado tiene una duración de ocho días, del 27 de junio al 4 de julio.

Ellos se ocupan del alojamiento y de la comida, solo tenemos que comprar los billetes de tren para ir a Murcia, y a cambio nosotros tenemos que recoger durante seis horas al día residuos y clasificarlos en cubos de reciclaje. Nos dejan elegir las playas y yo quiero ir a La Manga, ¿la conoces? No quiero ir sola y he hablado con Eric, el compañero de piso de mi hermano Felipe, y lo he convencido para venir conmigo 😄.

Hace dos años estuviste en Santander haciendo un voluntariado de conservación del medio ambiente y he pensado que es una buena idea hacer lo mismo, pero en las fabulosas playas de la Costa Cálida, ¿quieres venir con nosotros?

Te quiero dar un objeto que he hecho en la asociación, ¿tomamos café el sábado, te lo doy y te explico más detalles del voluntariado?

Espero tu respuesta.

Un beso y hablamos,

Raquel

PREGUNTAS

1 Raquel ha escrito a Félix para:

   a. explicarle los problemas que hay en las playas de Murcia.
   b. contarle un nuevo proyecto que tiene.
   c. hablarle de Eric.

2 En el texto, se dice que Raquel:

   a. ha encontrado un anuncio de voluntariado.
   b. ha empezado sus vacaciones de verano.
   c. ha publicado un anuncio en Internet.

3 Según el texto, los voluntarios tienen que:

   a. pasar ocho días en La Manga.
   b. recoger basuras de las playas del mar Menor.
   c. ocuparse del alojamiento y la comida.

4 Según el texto, Félix:

   a. vivió en Murcia.
   b. fue al mar Menor con Raquel.
   c. hizo un voluntariado dos años antes.

5 Raquel quiere ver a Félix para:

   a. llevarle a su asociación.
   b. animarle a hacer el voluntariado.
   c. hablar de las playas del mar Menor.

COMPRENSIÓN AUDITIVA

18 Vas a escuchar una parte de un programa de radio y debes responder a seis preguntas. La audición se repite dos veces. Lee las preguntas y selecciona la opción correcta (*a*, *b* o *c*).

PREGUNTAS

1 **En esta noticia, se informa de que Sierra Nevada tiene:**

a. espacios naturales no protegidos.
b. una situación geográfica privilegiada.
c. un gran valor botánico y turístico.

2 **Sierra Nevada fue declarada en 1986:**

a. patrimonio inmaterial de la humanidad.
b. parque nacional.
c. reserva de la biosfera por la Unesco.

3 **Según la noticia, en Sierra Nevada podemos:**

a. escalar el pico Mulhacén.
b. ver más de 3000 tipos de vegetación.
c. ver animales en peligro de desaparición.

4 **Sierra Nevada está en la Lista Verde junto con:**

a. 23 parques de 6 países.
b. 23 parques de 7 países.
c. 13 parques de 8 países.

5 **En Sierra Nevada, además de la nieve y el sol, se puede disfrutar de:**

a. la flora.
b. la fauna y la playa.
c. la fauna y la flora.

6 **En la audición, se dice que lo que más se valora de Sierra Nevada es:**

a. el esfuerzo de conservación de la montaña y el patrimonio.
b. la fauna y flora propias de la zona.
c. el patrimonio rural y el turismo.

1 EVENTOS DEPORTIVOS

1. A. **Lee la información sobre Ernesto, después lee los textos y complétalos con las palabras que faltan.**

Tengo unos días de vacaciones en octubre, del 13 al 21, y quiero participar en un triatlón en Andalucía.

Vivo en Madrid, pero tengo mucha familia allí. Nado y corro perfectamente, pero el ciclismo no me gusta, y a partir de los 50 kilómetros empiezo a tener algunas dificultades. No me gusta madrugar y me cuesta levantarme temprano. Tengo entre 135 y 150 euros máximo para pagar la inscripción.

ciclismo | competición | correr | recorrido | inscribirse | participar | evento | carrera | competir | natación

Guadiana Triatlón
19 de octubre

Un triatlón único en dos países: España y Portugal.

Si te gusta ...., nadar y montar en bicicleta, participa en el triatlón en Isla Canela, en el sur de España.

......................: 1,9 km de 🏊, 90 km de 🚴 y 21 km de ....

Hora de salida: 8:20-8:40.

Precio: de 140 a 160 euros.

¡Una gran experiencia en dos países!

Triatlón Cabo de Gata
20 de octubre

Un triatlón extremo, duro y muy diferente en el espacio natural andaluz de Cabo de Gata-Níjar.

Si queréis .... en la nueva edición, es importante .... antes del 1 de octubre.

Distancias: 1,9 km de ...., 80 km de 🚴 y 21 km de 🏃 .

Hora de salida: 9:00.

Precio: de 130 a 202 euros.

¿Te animas? ¡Inscríbete!

Ican Gandía
20 de octubre

Un .... deportivo excepcional en la ciudad de Gandía, a 59 km de Valencia.

Una .... con tres deportes diferentes: natación, ciclismo y carrera.

Distancias: 1,9 km de 🏊, 90 km de .... y 21 km de 🏃 .

Hora de salida: 8:00-8:35.

Precio: de 159 euros a 191 euros.

Si te gusta ...., ¡te esperamos en Gandía!

B. **Según la disponibilidad de Ernesto, marca si le conviene la fecha, el lugar…**

	Guadiana triatlón	Triatlón Cabo de Gata	Ican Gandía
a. Fecha del evento			
b. Lugar de celebración			
c. Disciplinas: natación, carrera y ciclismo			
d. Hora			
e. Precio			

2. **Subraya el intruso y relaciónalo con su categoría.**

a. competición, carrera, participar
b. correr, recorrido, inscribirse
c. corredor, participante, competir

1. La acción
2. La persona
3. El evento

2 CIUDADES PARA CORRER

1. A. Lee este blog, subraya los verbos en imperativo y clasifícalos en la tabla.

EL ACUATLÓN, UN DEPORTE EN AGUA Y TIERRA

Inicio	Artículos	Consejos

El *acuatlón* es un deporte de resistencia individual en el que hay dos disciplinas: la carrera y la natación. Hay una carrera a pie de 2,5 km, natación en el mar de 1 km, y para terminar otra carrera a pie de 2,5 km. Entre las actividades no hay descanso. Cada año hay más personas interesadas en esta actividad deportiva, considerada como una modalidad del triatlón. Aquí tenemos algunos consejos de nuestros lectores para practicarlo.

Este deporte es muy duro: prepara la prueba y haz entrenamientos, de manera constante algunos meses antes. Nada en la piscina o en el mar y controla la entrada en el agua para no romper el ritmo. Lleva ropa cómoda y usa unas gafas de buena calidad.

Hidrátate bebiendo agua durante la carrera. Corre todos los días a un ritmo constante y descansa para recuperar energía. Concéntrate al máximo durante toda la prueba, y lo más importante, disfruta, compite y descubre tus límites.

-ar	-er	-ir

B. En los textos aparece un verbo irregular. ¿Cuál es?

....

3 PREPARARSE PARA CORRER

1. Completa las frases con el verbo en imperativo.

a. Si quieres disfrutar, (elegir) .... un evento deportivo interesante.

b. (Controlar) .... los alimentos que comes.

c. Si te gusta correr, (participar) .... en una maratón.

d. Para participar, (inscribirse) .... pronto.

e. (Hacer) .... deporte todas las semanas.

f. Si eres un corredor novel, (entrenar) .... cada día un poco.

g. Si estás deshidratado, (beber) .... mucha agua.

2. Miguel va a participar en una maratón. Observa las imágenes y escribe consejos. Utiliza estos verbos.

1. ir al médico | 2. comprar ropa de deporte | 3. descansar | 4. prepararse físicamente

a. ....

c. ....

b. ....

d. ....

1 ¿GIMNASIO O POLIDEPORTIVO?

1. Lee estos 10 consejos y complétalos con el verbo en imperativo.

10 CONSEJOS PARA MEJORAR EL ESTADO FÍSICO

1. (Elegir) .... y (realizar) .... una actividad interesante.

2. (Ir) .... al gimnasio o (salir) .... a correr por un parque.

3. (Dosificar) .... tu esfuerzo y (administrar) .... bien tu tiempo.

4. (Hacer) .... una hora de actividad física al día.

5. (Realizar) .... deporte en compañía de otra persona.

6. (Caminar) .... si puedes para ir al trabajo o hacer las compras.

7. (Utilizar) .... un aparato y (controlar) .... la cantidad de pasos.

8. (Establecer) .... rutinas de actividad diaria.

9. (Cuidar) .... tu alimentación.

10. (Marcarse) .... objetivos reales.

2. Lee estos textos y escribe dos consejos para cada persona.

Me encantan las actividades al aire libre. No soy una persona con una rutina física constante, pero tengo una gran fuerza física y mental, ¿qué me aconsejas hacer?

No estoy en forma. No hago ejercicio desde hace un año y medio, pero tengo todo lo necesario en casa para hacer deporte: zapatillas y ropa, ¿me das un consejo?

a. ....

....

b. ....

....

2 ESTADOS FÍSICOS Y EMOCIONALES

1. A. Escribe para cada imagen un estado físico o emocional. Consulta la página 116 del libro del alumno.

B. Escribe un consejo para cada persona.

a. ....

b. ....

c. ....

d. ....

e. ....

f. ....

3 ¿TIENES TODO LO QUE NECESITAS?

1. A. Lee este texto y complétalo con las palabras.

medicamentos | regiones | aburrido | conducta | excusas | sobrepeso

ESPAÑA: UN PAÍS SEDENTARIO

El sedentarismo es una .... de riesgo para nuestra salud. España es uno de los países con más sedentarismo del planeta.

El 60 % de los españoles, de entre 18 y 65 años, no practica ningún tipo de actividad física, y solo un 35 % practica ejercicio diariamente. El resultado es que casi 16 millones de ciudadanos españoles se consideran sedentarios.

Los españoles son expertos en buscar .... para justificar esta falta absoluta de ejercicio, por ejemplo, las obligaciones profesionales y labores no les permiten hacer deporte, prefieren ocupar su tiempo libre haciendo otras actividades como ir al cine o a cenar en un restaurante, el deporte es muy .... y caro y no saben dónde pueden ir a hacerlo.

El .... es uno de los graves problemas asociados al sedentarismo, además hay otros problemas como el consumo excesivo de .... y el riesgo de sufrir cáncer.

Las .... españolas más sedentarias son Castilla y León, Baleares y la Comunidad Valenciana, mientras que Andalucía, Asturias y Canarias son las más activas.

B. Ahora, responde a las preguntas.

a. ¿Qué es el sedentarismo?, ¿España es un país sedentario?

....

b. ¿Qué excusas ponen los españoles para no hacer actividades físicas?

....

c. ¿Qué problemas de salud causa el sedentarismo?

....

d. ¿En qué regiones españolas hay más personas no sedentarias?

....

1 LOS BENEFICIOS FÍSICOS Y MENTALES DEL JUEGO

1. A. ¿Conoces estos juegos? Observa las imágenes, lee los textos y relaciónalos.

La baraja española

> **1** Para jugar es necesario un tablero con 68 casillas divididas en colores. Hay cuatro colores: rojo, amarillo, azul y verde. Pueden jugar 4 participantes, pero se puede jugar con menos o jugar en equipos.
>
> Lo importante es vencer a los otros jugadores y meter las cuatro fichas en la casilla final. Hay que respetar muchas reglas, estar atento y ser honesto. Es un juego similar al pachisi, un juego que procede de la India.

El dominó

> **2** El origen de este juego procede de México de la época de los mayas. Es un juego infantil muy conocido. Los niños desarrollan la coordinación de su cuerpo, la agilidad y la precisión de sus movimientos. Pueden participar muchos niños al mismo tiempo. Para jugar se dibujan en el suelo cuadrados con números del 1 al 10 y se utiliza una pequeña piedra. Hay que llegar al final de los números.

El parchís

> **3** Tiene origen chino, pero fueron los árabes los que la llevaron a España. Está compuesta por 48 cartas y está dividida en 4 grupos llamados: oro, copas, espadas y bastos. 4 es un buen número de jugadores, pero pueden jugar más.
>
> Se ha convertido en un juego de mesa muy popular en España, y hay muchos juegos diferentes en los que se utiliza.
>
> Es un juego divertido en el que debes ganar puntos y colaborar si juegas en parejas.

La rayuela

> **4** Es un juego de mesa que tiene su origen en China.
>
> Se compone de 28 fichas en forma de rectángulo de color blanco y negro. Estas fichas tienen puntos del 0 al 6. Pueden jugar de 2 a 4 jugadores de manera individual, pero también se puede jugar en parejas.
>
> Es necesario tener memoria y paciencia y colaborar con los compañeros si juegas en parejas. Hay que hacer una cadena de fichas unidas con los mismos puntos y terminar el juego sin fichas.

B. Lee de nuevo los textos y completa la tabla.

	origen	objetivo	n.º de participantes
a. La baraja española			
b. El dominó			
c. El parchís			
d. La rayuela			

C. ¿Qué juegos típicos hay en tu país? Elige uno y explícalo.

D. Escribe los beneficios de jugar. Utiliza estas palabras.

respetar | la memoria | la cooperación | resolver | emociones | objetivo

a. *En los juegos respetas unas normas.*

b. ....

c. ....

d. ....

e. ....

f. ....

2. Después de leer el texto de la página 118 del libro del alumno, marca si son verdaderas o falsas estas afirmaciones.

	V	F
a. En cada momento de la vida el juego es importante.	☐	☐
b. En los juegos siempre hay objetivos.	☐	☐
c. En los juegos no siempre se tienen que respetar las reglas.	☐	☐
d. El juego ayuda a los mayores a no estar solos.	☐	☐
e. En el juego los valores y las emociones no se trabajan.	☐	☐

3. Dos personas hablan sobre su vida. Escucha y marca con un color diferente la información de cada uno.

19

Actividad física que practica: ☐ natación ☐ ciclismo ☐ carrera

Lugar donde practica la actividad: ☐ gimnasio ☐ club deportivo ☐ parque

Evento deportivo en el que ha participado: ☐ maratón ☐ triatlón ☐ *acuatlón*

Ciudad del evento: ☐ Rota ☐ Ronda ☐ Madrid

Estado físico después del evento: ☐ mareado/a ☐ cansado/a ☐ deshidratado/a

Estado emocional después del evento: ☐ contento/a ☐ motivado/a ☐ emocionado/a

Celia

Guillermo

COMPRENSIÓN DE LECTURA

Vas a leer el correo electrónico que Daniela ha escrito a su amigo Aarón. A continuación, contesta a las preguntas. Selecciona la opción correcta (*a*, *b* o *c*).

Sin título

Mensaje   Opciones

Enviar   Pegar   N *K* S abe   Adjuntar archivo   Imágenes   Firma ▾   Hipervínculo ▾   ! Prioridad alta   ↓ Prioridad baja   Comprobar nombres

Para:	Aarón
CC:	
Asunto:	Maratón

Hola, Aarón:

¿Qué tal estás?, ¿todo bien? ¿Sigues haciendo deporte? Como ya sabes, durante todo este año me he preparado y he entrenado mucho. He ido al gimnasio los fines de semana y todas las tardes he ido a correr a la Casa de Campo. Creo que ahora estoy en muy buena forma física.

Estoy muy contenta porque he decidido inscribirme en una maratón. Es la primera vez que voy a participar y estoy muy motivada. Este tipo de evento deportivo es muy interesante no solo para hacer deporte, sino también para conocer gente.

En el mes de octubre, hay dos maratones y me gustan las dos; una en Bilbao y otra en Burgos, y no sé en qué maratón inscribirme porque son muy diferentes.

La maratón de Bilbao es por la tarde, a las 19:00, y puedo participar en distancias diferentes: 10, 21 y 42 kilómetros, y la maratón de Burgos es por la mañana, a las 10:00, y solo puedo correr en distancias de 21 y 42 kilómetros. Conozco las dos ciudades y para mí no es un problema, pero no sé qué hacer. El precio de la inscripción en la maratón de Bilbao es muy caro, y además de la inscripción tengo que pagar el transporte para llegar a la ciudad, el hotel y las comidas.

Bueno, necesito que me aconsejes porque no sé qué hacer, sé que tú participas cada dos años en una maratón, y los consejos que me das son siempre muy buenos.

He pensado también que puedes inscribirte conmigo este año, ¿qué te parece la idea? Si vamos los dos juntos, es mucho más agradable y hay descuentos si hacemos la inscripción en parejas.

¿Quedamos esta semana y hablamos de todo esto? Escríbeme, ¿vale?

Espero tu respuesta.

Un beso y hasta pronto,

Daniela

PREGUNTAS

1 Daniela ha escrito a Aarón para:

   a. explicarle lo que hace un día de la semana.
   b. proponerle ir al gimnasio con ella.
   c. recibir un consejo de su parte.

2 En el texto, se dice que Daniela:

   a. hace mucho deporte.
   b. no tiene una buena forma física.
   c. quiere ir a la Casa de Campo.

3 Según el texto, Aarón participa en una maratón:

   a. solo si un amigo lo acompaña.
   b. un año sí y otro no.
   c. todos los años.

4 Según el texto, Daniela quiere inscribirse en:

   a. la maratón más barata.
   b. dos maratones en octubre.
   c. una de las dos maratones que le gustan.

5 Daniela quiere:

   a. hacer la maratón solo si va Aarón.
   b. una respuesta de Aarón a su *e-mail*.
   c. cenar con Aarón.

COMPRENSIÓN AUDITIVA

20 Vas a escuchar una conversación entre dos personas, Elisa y Mario. La conversación se repite dos veces. Selecciona la imagen (de la *a* a la *h*) que corresponde a cada enunciado. Hay ocho imágenes. Selecciona cinco.

	ENUNCIADOS	IMAGEN
1.	Esto es lo que Elisa quiere hacer.	
2.	Es lo que Mario prefiere.	
3.	Esto es lo que Elisa tiene que comprar.	
4.	Esto es lo que Mario tiene que comprar.	
5.	Es lo que Mario va a hacer.	

a.

b.

c.

d.

e.

f.

g.

h.

TRANSCRIPCIONES

Pista 1

— Soy Henri, un chico belga. Estoy viviendo y estudiando español en Barcelona desde hace aproximadamente dos semanas. Esta ciudad es multicultural y muy dinámica. Estudio español porque me dedico a la música y voy a dar conciertos en todos los países de América Latina, y para eso es necesario hablar correctamente español. Para mí, lo más fácil es aprender vocabulario, ¡tengo una gran memoria! Tengo una recomendación para ti si estudias español: es fundamental tener amigos españoles.

— Soy Jess y soy danesa. Estoy trabajando y estudiando español en Alicante, una ciudad turística del Mediterráneo. Soy secretaria y en mi trabajo es fundamental hablar perfectamente inglés, pero es bueno hablar español con los clientes. Además, este verano quiero viajar a Latinoamérica y allí hablan español. Para mí, lo más fácil del español es la gramática. ¡Tengo un libro fantástico! Hace cuatro años que estudio español, pero tengo muchos problemas con el vocabulario. Mi recomendación para ti: es muy útil estudiar un poco todos los días.

— Soy Jürgen y soy austriaco. Estoy estudiando español en la monumental ciudad de Sevilla y al mismo tiempo estoy trabajando en un bar de tapas en el centro. Desde hace seis meses estudio español porque tengo una novia chilena que vive en Sevilla. Nos conocimos en Madrid y ahora estamos viviendo juntos en el barrio de Triana. Para mí, lo más fácil del español son los verbos. Una recomendación para aprender español: es importante leer mucho y ver la televisión.

Pista 2

— Hola, Lisa: ¿a qué ciudad quieres ir durante las vacaciones de verano para estudiar español?

— Hola, Francesco: pues, la verdad, es que no lo sé. Desde hace algunas semanas mi novio y yo estamos pensando dónde podemos ir a estudiar dos semanas en el mes de julio, pero no tenemos muchas ideas, y es necesario comprar los billetes de avión cuanto antes. Tú conoces muy bien España porque viajas todos los veranos, ¿me puedes hacer alguna recomendación?

— Sí, claro que sí. Esta estancia en España debe ser especial, una experiencia fantástica, ¿qué tipo de ciudades te gustan?

— Queremos ir a una ciudad histórica, viva, dinámica, mágica y con aeropuerto.

— Entonces es importante elegir una ciudad grande y animada. Es necesario tomar una buena decisión. Estoy pensando que podéis ir a la capital, a Madrid.

— ¿Madrid?

— Sí, sí. Esa ciudad es perfecta para vosotros. Es moderna, multicultural y muy festiva.

— Sí, pero mi novio es monitor de esquí acuático y quiere ir a una ciudad turística al lado de la playa para poder nadar por las tardes, pero para mí es importante poder encontrar españoles para hablar y no solo turistas extranjeros como nosotros, y en Madrid no hay playa.

— No, no hay playa, pero hay muchas escuelas de lenguas muy buenas y puedes aprender mucho en poco tiempo. Un momento… Estoy pensando que podéis ir a Málaga. Esta ciudad tiene mar y podéis hacer muchas actividades culturales interesantes. Es fundamental visitar el Museo Picasso.

— ¡Málaga!, perfecto, creo que es una buena idea para nuestro primer viaje a España. Vamos a disfrutar mucho. ¡Gracias, Francesco, por tus recomendaciones!

— De nada. ¡Mucha suerte, Lisa!

Pista 3

— Soy Valentina, y tengo buena salud, pero desde hace algunos días no estoy muy bien. Como soy vendedora en una tienda, estoy mucho tiempo de pie y me duelen mucho las piernas. Además, duermo pocas horas y, cuando no puedo dormir, tomo una infusión. El consejo de mi médico es que debo tomar pastillas, pero he decidido ir con una amiga a un curso de meditación.

— Soy Rafael, y la verdad es que no tengo una buena salud. Todos los meses estoy enfermo. Trabajo como recepcionista en un hotel, estoy sentado siete horas y media al día y me duele mucho la espalda. Cuando tengo mucho dolor, tengo que estar en la cama. Mi médico me dice que debo ponerme pomada, pero yo prefiero la acupuntura.

— Soy Beatriz y trabajo como bailarina profesional en una compañía de *ballet*. Mi salud es buena, pero mis pies son mi gran problema. Bailo seis horas al día y me duelen mucho, además tengo pequeñas heridas en los dedos y me pongo tiritas.

Mi médico dice que tengo que bailar un poco menos, pero eso es complicado, y que debo darme un masaje todos los días. No creo en los remedios caseros de las madres y de las abuelas, ni en la medicina alternativa.

Pista 4

— Hola, Manuel, buenas tardes, ¿cómo está?, ¿qué le pasa?

— ¡Buenas tardes, doctora García! ¡Ay, ay, estoy fatal, estoy muy enfermo!

— Pero… ¿desde cuándo se encuentra mal?

— Pues… desde hace dos días.

— ¿Y por qué no ha venido antes?

— Bueno, porque… no sé… no he podido venir antes.

— ¿Y qué síntomas tiene?

— Me duelen los oídos, me duele la cabeza y tengo bastante fiebre, ¡creo que casi 39,5!

— ¡39,5! ¡Es mucha fiebre!

— Sí, sí, lo sé. Me he tomado unas pastillas para bajarla.

— ¿Está cansado y mareado?

— Sí, estoy bastante cansado, y hace dos días que no voy al trabajo porque estoy muy mareado. No puedo estar de pie durante mucho tiempo.

— Con esos síntomas es normal que se encuentre mal. Manuel, tiene gripe.

— ¿Gripe?

— Sí, ¿tiene tos?

— Sí, sí, también tengo mucha tos por la noche y me duele mucho la garganta cuando toso. ¿Qué debo hacer ahora?

— Debe ir a su casa y acostarse. Antes, es necesario pasar por la farmacia para comprar los medicamentos. Para la fiebre y el dolor de cabeza puede tomarse estas pastillas durante cinco días, para el dolor de oídos puede ponerse unas gotas tres veces al día, por la mañana, por la tarde y por la noche, y para la tos y el dolor de garganta debe tomar un jarabe antes de dormir durante cuatro días. Es bueno tomar té con miel y limón. Es fundamental descansar y beber mucho zumo de naranja.

— Gracias, doctora García.

— De nada. ¡Ánimo, Manuel!

Pista 5

1.

— ¡Buenos días! ¿Qué le pongo?

— Un kilo y medio de atún y una merluza.

— ¿Algo más?

— ¿Los mejillones están frescos?

— Sí, sí, están muy frescos.

— Entonces, quiero medio kilo de mejillones. ¿Los calamares están frescos también?

— Sí, son de ayer.

— Uf, huelen mal. Creo que no están en buen estado… No quiero comprar calamares.

— ¿Le pongo salmón?

— No, no me gusta. Quiero un kilo de gambas.

— Muy bien. ¿Algo más?

— No, nada más.

— Aquí tiene todo.

— ¿Cuánto es?

— 67 euros.

— Tome, muchas gracias. Adiós.

2.

— ¡Buenos días! ¿Qué desea?

— Quiero un kilo de pepinos, una lechuga, medio kilo de pimientos y cuatro cebollas.

— ¿Algo más?

— Sí, ¿los melocotones están buenos?

— Sí, sí, están muy buenos.

— ¿No están un poco verdes?

— Sí, un poco, pero en unos días están maduros. Son muy buenos. ¿Le pongo melocotones?

— No, gracias. Prefiero comprar un melón.

— Muy bien. ¿Algo más?

— No, nada más, gracias.

— Aquí tiene todo.

— ¿Cuánto es?

— Son 8 euros.

— Tome, gracias. Hasta la próxima semana.

Pista 6

Mensaje 0. Hola, Maravillas: oye, esta mañana he ido a la frutería del supermercado MercaDumbo, y los melocotones y las fresas tienen un precio especial. Cuestan un euro con cincuenta el kilo. ¡Qué barato!, ¿verdad? He comprado cuatro kilos de melocotones y un kilo y medio de fresas.

Mensaje 1. Isabel, ¿qué tal?, soy Carlota. Han abierto un nuevo restaurante al lado de mi casa. Preparan la carne y las patatas a la brasa. Lo que más me gusta es la ubicación y la calidad de los productos. Los precios no son caros. ¿Vamos este fin de semana a comer?

Mensaje 2. Hola, Manuela: soy Alfredo. Oye, quiero ir a comer a tu restaurante, el viernes a las dos y media, con un amigo. ¿Tienes de primer plato tu deliciosa ensalada de aguacates? De segundo, vamos a tomar salmón a la plancha con verduras.

Mensaje 3. Simón, hijo, mañana voy a hacer la compra al mercado de La Boquería. ¿Quieres venir conmigo? Voy a ir a las nueve o a las diez de la mañana. A esa hora no hay mucha gente y los productos están muy frescos. ¡Hasta mañana!

Mensaje 4. Hola, buenos días, mire, este fin de semana vienen unos amigos a mi casa y quiero preparar una paella de marisco para 7 personas. Necesito 600 gramos de merluza, 500 gramos de gambas, tres calamares y 750 gramos de mejillones.

Mensaje 5. María, soy Andrés. Esta noche he ido a un nuevo restaurante griego con mi pareja. El ambiente y la decoración es lo que más me ha gustado de esta nueva experiencia gastronómica. El sábado voy a ir con mis amigos a cenar a las 21 h. ¿Te vienes?

Mensaje 6. Elena, ¿estás en casa? Soy Jacinto. Es la hora de la comida. Anselmo, Federico y yo queremos ir a comer al Mercado de San Martín. ¿Tú has comido ya?, ¿quieres comer con nosotros? Hay unos sitios de *pintxos* muy buenos. ¡Un beso!

Pista 7

— ¡Hola, Mario! Este último fin semana he ido a Fuerteventura. He estado tres días en la playa de Sotavento. He disfrutado mucho haciendo mis deportes preferidos: *kitesurf* y *windsurf*. Esta playa es la más conocida de toda la isla y, además, es muy grande, tiene nueve kilómetros. ¡Ha sido un fin de semana perfecto! Y tú, ¿dónde has ido?

— ¡Hola, Mar! Pues yo he pasado el sábado y el domingo en el desierto de Tabernas, en Almería. Tengo una amiga que vive en esa ciudad y he aprovechado también para ir a visitarla. El desierto está en el norte de la ciudad. Es un lugar seco y muy caluroso, pero es muy famoso porque ha sido el escenario de muchas películas de *spaghetti western*. Además, este lugar es perfecto para ver pájaros y he visto muchísimos. ¡Estoy muy contento! También he visto otros animales, como zorros y conejos.

— ¡Qué bien! En Sotavento ha hecho un poco de frío. He llamado a mi mejor amigo que vive en la capital de la isla, en Puerto del Rosario, y después de dos años sin vernos, hemos comido juntos.

— ¡Muy bien! Ha sido un buen fin de semana para los dos. ¿Dónde vas a ir en tus próximas vacaciones?

— Pues no lo sé. He gastado mucho dinero este fin de semana y creo que las próximas vacaciones voy a estar en casa, ¿y tú?

— Yo quiero ir a Chile. Tengo unos amigos que viven allí.

Pista 8

Anuncio 1. Según el Instituto Nacional de Estadística el número de neorrurales ha aumentado este último año en España. Con la crisis económica del siglo XXI, el movimiento de los neorrurales se ha intensificado. La crisis ha impulsado esta nueva alternativa de vida en el campo entre los más jóvenes.

Anuncio 2. ¿Vivir en la ciudad o en el campo?, ¿cuál es la mejor opción? Para muchas personas la vida en el campo es menos estresante, más sana y relajada que la vida en la ciudad, por eso mucha gente está optando ahora por este nuevo y alternativo modo de vida que impacta de manera positiva en la calidad de vida y la salud.

Anuncio 3. ¿Qué es mejor, comer fruta y verdura de la agricultura ecológica o fruta y verdura del supermercado tradicional? La respuesta es clara: los productos ecológicos procedentes de cultivos naturales son mucho mejores para la salud. El campo ofrece nuevas oportunidades para la agricultura ecológica y promueve un consumo responsable. El precio de estos productos es más caro, pero la calidad es muy superior.

Anuncio 4. La lista de maravillas naturales en Hispanoamérica es muy larga. ¿Quién no ha oído hablar del desierto de Atacama, de las cataratas de Iguazú o de las Islas Galápagos? Ríos, bosques, montañas, volcanes e islas. Todas estas maravillas podemos visitarlas en Chile, Argentina, Perú y Ecuador. ¿Te animas a hacer un viaje con nosotros? Te esperamos en la agencia Viajes de aventura.

Anuncio 5. ¿Conoces Ecuador?, ¿quieres visitar las famosas Islas Galápagos, declaradas patrimonio de la humanidad en 1978 por la Unesco, con nuestra agencia Viajes de aventura? Precios económicos, viajes personalizados en grupo o de forma individual para visitar este magnífico archipiélago del océano Pacífico, formado por trece islas. ¡El mejor turismo ecológico en estas islas encantadas!

Anuncio 6. ¿Quieres visitar una de las más importantes maravillas naturales de España?, ¿conoces la playa de las Catedrales? Es un monumento natural que está situado en Galicia, en la provincia de Lugo, sobre el mar Cantábrico. Es una de las playas más bonitas de España y de Europa. Además, es muy grande. Todos los años muchos turistas visitan este lugar. ¡Es una verdadera maravilla!

Anuncio 7. El mejor viaje de tu vida es posible con nuestra agencia Viajes de aventura. ¿Dónde quieres ir?, ¿quieres ver alguna maravilla natural especial de España o América Latina? Nosotros te ayudamos a organizar y preparar el viaje: reserva de avión, comidas, hotel, visitas y excursiones. Puedes llamarnos y te organizamos el viaje de tus sueños.

Pista 9

— Soy Bruno y me gradué en Literatura Española en 2013. Al año siguiente de mi graduación, no pude hacer un máster en Lingüística. Por eso, de 2014 a 2015 fui a Francia a trabajar como profesor en la universidad de Aviñón. Durante este año como profesor, conocí a mis mejores amigos franceses. Después de esta experiencia profesional, fui 3 meses a Malta a perfeccionar mi nivel de inglés. Hace un año que estoy en San Sebastián, y desde hace cinco meses estudio Traducción e Interpretación.

— Soy Clara y me gradué en el año 2000 en Enfermería. Al año siguiente fui con una beca a estudiar un máster en Finlandia. ¡Fue una experiencia fantástica! En el invierno de 2003, hice unas prácticas de seis meses en un hospital de Pamplona. Un año después de terminar las prácticas, encontré un trabajo en una clínica privada en Escocia. Desde 2014 vivo en Edimburgo. Soy enfermera y trabajo en un hospital.

— Soy Martín. Estudié un grado de Arquitectura en 2007 e hice un máster en Diseño Urbano de 2009 a 2010. Al año siguiente hice unas prácticas de un mes en Estocolmo y después fui a Nueva York a estudiar durante 5 meses, ¡me encantó esta ciudad! Durante estos meses en Estados Unidos me enamoré de Megan, una chica estadounidense extraordinaria. Me casé con ella en 2014. Dos años después nació nuestro hijo Teo. Soy arquitecto y hace un año que vivo en Barcelona con mi familia.

Pista 10

Mensaje 0. ¿Quieres trabajar en otro país? Ahora es mucho más fácil que antes. Envíanos tu currículum y una carta de presentación, y nosotros nos ocupamos de buscar un trabajo adaptado a tu formación y experiencia. Tu futuro profesional está en el extranjero.

Mensaje 1. Si quieres hacer negocios en España, debes saber que en el ámbito laboral español las negociaciones son largas, relajadas y las relaciones entre las personas son más informales. La pausa para comer y la sobremesa son muy importantes en la negociación.

Mensaje 2. ETEX, empresa líder en el sector educativo, ofrece a jóvenes titulados la posibilidad de hacer prácticas en España o en el extranjero gracias a su beca de estudios. Si estás interesado, envía tu currículum a etex@estudios.com. ¡Te esperamos!

Mensaje 3. Si tienes una carrera universitaria con buenas notas, experiencia profesional de un año, excelentes habilidades informáticas, carné de conducir y buscas un futuro profesional estable en una gran empresa española, ALIPAT te ofrece tu primer trabajo. ¡Llámanos!

Mensaje 4. Para negociar en España es necesario conocer algunas *normas*. Debemos tratar a las personas utilizando *señor* y *señora*. El saludo más habitual es darse la mano. Si hay confianza, en algunas ocasiones, es posible darse dos besos.

Mensaje 5. El 64 % de los españoles de entre 20 y 34 años que no tiene trabajo en España está pensando buscar trabajo en otros países europeos. Para poder encontrar un trabajo en el extranjero es necesario tener una titulación universitaria y hablar inglés.

Mensaje 6. Cada año el porcentaje de jóvenes españoles que decide hacer prácticas en un país extranjero o un voluntariado en una organización humanitaria internacional es mayor. Trabajar en un país extranjero tiene muchas ventajas: aprendes una cultura, una forma de vivir y una lengua.

Pista 11

— Somos Luna y Lena y el verano pasado fuimos, en agosto, tres semanas de vacaciones a Perú. Nos encantan las excursiones de aventura y decidimos viajar a este país porque allí podemos practicar la actividad que nos gusta. Nos gusta mucho andar e hicimos una caminata por el Camino Inca, para ir de Cuzco al Machu Picchu. Este camino está situado en la cordillera de los Andes.

— Soy Moisés y en abril fui un fin de semana a Suiza para hacer *rafting*. Me encantan los deportes acuáticos. El *rafting* podemos practicarlo en muchas ciudades europeas, pero yo elegí ir a la garganta del Rin con tres amigos. Este deporte es un poco peligroso, pero no tenemos miedo. La experiencia fue fantástica. El año próximo vamos a volver a hacer *rafting*, pero en Canadá.

— Soy Micaela y me gustan mucho las actividades extremas. El año pasado estuve todo el mes de octubre con mi novio en Panamá. Me encanta la *tirolina*, y la he disfrutado en muchos países de América Latina como, por ejemplo, en Perú, Bolivia y México. En Panamá fuimos a las afueras de la ciudad de Colón donde pudimos hacer *tirolina* en 2500 metros. ¡Fue fabuloso! Es necesario tener una buena forma física.

Pista 12

El turismo ecológico o ecoturismo respeta la naturaleza y el medio ambiente y se ha puesto muy de moda. En la actualidad el 20 % del mercado mundial del turismo está basado en el turismo sostenible y natural. Los parques nacionales y reservas protegidas constituyen un verdadero atractivo turístico.

Cada año más personas deciden viajar a Costa Rica, país que, desde la década de los 90, se ha convertido en un referente mundial de este tipo de turismo, por su naturaleza y diversidad, y ahora es un destino ideal para los turistas que buscan una alternativa al turismo tradicional.

Si quieres unas vacaciones inolvidables, eres una persona *ecoturista* y te gustan las excursiones de aventura, Costa Rica te espera.

Es un país pequeño de Centroamérica lleno de naturaleza. La primera reserva natural del país se fundó en 1963 y en 1970 se creó la red de parques nacionales.

Tiene el 6 % de la biodiversidad del mundo y el 25 % del territorio está destinado a sus 22 parques nacionales.

Si buscas sol, playa, selva, montañas, animales exóticos, mucha aventura y turismo rural, además de excursiones y actividades en el agua, como el *rafting*, la pesca deportiva, la natación y el surf, tu destino está en Costa Rica donde también puedes caminar entre volcanes o descansar en la playa. ¡Te esperamos!

Pista 13

— Soy Noemí y voy a hablar de mi infancia. Cuando tenía 4 años, era rubia; ahora con 52 años mi pelo es castaño. Cuando era pequeña, era muy tímida, casi no hablaba porque era una niña muy introvertida, ahora que soy mayor soy más habladora y extrovertida. A los 10 años solo comía pollo con patatas fritas, ¡era mi comida preferida! Hacía muchas actividades, pero la que más me gustaba era pintar, ¡pinto muy bien!, y soy profesora de Historia del Arte.

— Soy Matías y a los 5 años era moreno, ahora con 27 soy calvo. De pequeño era un niño muy activo y sociable, me gustaba jugar con todos los niños de mi clase. Era un niño muy difícil para la comida porque no comía muchas frutas ni verduras, mi comida preferida era la paella que hacía mi padre. En el colegio hacía mucho deporte y mi preferido era el atletismo, me gusta mucho correr hoy todavía y ahora corro todos los domingos una hora.

— Soy Estela y ahora tengo 40 años, cuando era niña tenía el pelo castaño, pero ahora lo tengo moreno. De pequeña era muy alegre y simpática, siempre me estaba riendo con mis amigos en el colegio. No me gustaba mucho la carne, pero comía mucha fruta, mi comida preferida era el salmón con verduras, pero solo comía este plato una vez al mes.
A los 12 años no era muy deportista y mi actividad preferida era leer, ¡leía un libro cada semana!

Pista 14

— Hola, Sandra, buenas tardes. Es un placer para mí poder hacerte esta entrevista hoy.

— ¡Hola a todos, buenas tardes! El placer es mío.

— En este momento eres una de las escritoras con más éxito no solo en España, sino también en América Latina, la semana pasada salió a la venta tu última novela titulada: *Si crees, creas*, y ya se han vendido más de doce mil ejemplares, ¡es un auténtico *best seller*! ¿Estás contenta?

— Sí, sí, estoy muy feliz. Es una semana fantástica.

— Y dime, Sandra, cuando eras pequeña, ¿querías ser escritora?

— No, la verdad es que no. Cuando tenía cinco años, quería ser veterinaria, ¡me encantan los animales!

— ¿Y qué pasó? ¿Por qué cambiaste de idea?

— Cuando era pequeña, mis padres me compraban muchos libros y yo pasaba mucho tiempo sola leyendo en mi habitación. Con 12 años, me aficioné a la escritura y empecé a escribir un diario y algunas poesías, con 18 años empecé a estudiar Periodismo, y después con 25 decidí ser escritora.

— ¿Tu carrera universitaria te ha ayudado a escribir?

— Sí, claro que sí, me ha ayudado mucho.

— Sandra, ¿de dónde tienes inspiración para escribir?

— Esta pregunta es muy interesante. Yo me inspiro en mi vida, en mis viajes, en las cosas que he vivido…, pero mis novelas son pura ficción.

— Entonces, ¿tus novelas no son autobiográficas?

— No, no, no lo son.

— ¿Estás pensando en escribir otra novela?

— Hum, sí, sí, muy pronto… ya he empezado a escribirla.

— Muchas gracias, Sandra, ¡estoy deseando leer tu última novela!

— Gracias a vosotros.

Pista 15

a. El tango es un género musical y una danza que nació en la región del Río de la Plata en el puerto de Buenos Aires entre 1850 y 1890, de ahí se extendió a los barrios del sur: San Telmo, Montserrat y Pompeya. La milonga, la polca, la mazurca y la habanera fueron estilos musicales que influyeron en el tango. Se utilizan como instrumentos el piano, el violín, el contrabajo y el bandoneón. Normalmente, se baila en parejas mixtas. Es un baile muy sensual. Fue un baile considerado tan vulgar que la policía y la iglesia lo condenaron y prohibieron. Se define como un pensamiento triste que se baila.
El 30 de noviembre de 2009 la Unesco lo declaró patrimonio cultural inmaterial de la humanidad.

b. La salsa es la fusión de ritmos caribeños con *jazz* y otros estilos. La salsa nació en Nueva York en los años 60 y 70 del siglo xx, en el barrio del Bronx, gracias a los exiliados cubanos y puertorriqueños que vivían ahí, a partir de ese momento se hizo famosa en todo el mundo. La salsa se inspira en la rumba, el chachachá y el merengue. La mujer y las relaciones de pareja son generalmente los temas principales de las letras de las canciones de salsa. Se baila en pareja y se utilizan como instrumentos el saxofón y la trompeta.

Pista 16

Anuncio 1. ¿Te gusta cantar?, ¿tocas de oído?, ¿quieres conocer gente con tus mismas aficiones? En la escuela de música Vivaldi, en el centro de la ciudad de Granada, puedes aprender a tocar un instrumento musical, también te ofrecemos los mejores cursos de canto con profesores especializados y muy profesionales… y todo a muy buen precio. ¡Visítanos el próximo martes a las 18:00! Te esperamos.

Anuncio 2. Del 1 al 8 de julio, Córdoba vuelve a ser la ciudad andaluza de la guitarra. Un año más se celebra el festival de guitarra clásica. Esta cita cultural y musical te ofrece un programa de formación muy completo con cursos, conciertos y espectáculos de flamenco. ¡La guitarra te espera en Córdoba! Consulta la página web: www.guitarracordoba.es.

Anuncio 3. ¿Para empezar el día escuchas música?, ¿cuando estás en el coche también?, ¿no dejas de escucharla en la cocina ni cuando estás triste? Pop, *rock*, disco, ¿cuál es tu estilo musical?, ¿te gustan todos? Pues estás invitado al concierto de Diego López, Mara Max y Tina Guerrero. ¿Por qué no vienes al parque de la Dehesa esta noche a las 21:00? ¡Es gratis! Te esperamos.

Anuncio 4. ¿Quieres perderte por una ciudad sorprendente?, ¿qué te parece si vienes a visitar la ciudad de Cartagena este verano? Te proponemos cuatro opciones de rutas diferentes. Elige la que prefieras: la arqueológica, la histórica, la cultural o la gastronómica, y descubre una ciudad diferente en cada una de ellas. ¿Cuál prefieres? Todas son maravillosas. La ciudad de Cartagena te espera. Ven a visitarnos.

Anuncio 5. ¿Bailas como un pato?, ¿no quieres ir a la discoteca porque tus amigos te dicen que no tienes ritmo?, ¿quieres bailar en pocos meses salsa y bachata como un profesional? Llámanos hoy mismo para que te informemos de los cursos y actividades de nuestra escuela de baile. Baila conmigo te está esperando, ¡tenemos descuentos en la inscripción! Llama a este número: 696271202.

Anuncio 6. La ciudad de Mallorca propone una lista de actividades para jóvenes y adultos todos los fines de semana del mes de julio. Cursos de idiomas, de informática, de canto y de danza, visitas turísticas por el centro de la ciudad y también excursiones y barbacoas en la playa. Si estás interesado, empieza a reservar ya las actividades que te interesan, ¡las plazas son limitadas!

Anuncio 7. ¿No sabes qué hacer por las tardes en septiembre?, ¿quieres asistir a clases de canto, de pintura o a un curso de teatro? Tenemos todas las posibilidades adaptadas para ti. Grupos reducidos, enseñanza personalizada, profesores competentes y un ambiente agradable y muy familiar. La jornada de puertas abiertas del mes de agosto te va a encantar. Te esperamos.

Pista 17

— Soy Eduardo y creo que la forma de comer ha cambiado mucho en los últimos años. Cuando era pequeño, se comía mucho mejor que ahora. En mi casa mi madre preparaba comidas con muchas legumbres y verduras, comida sana con productos de buena calidad.

Ahora, con el ritmo de vida actual, no tenemos mucho tiempo para cocinar. Yo hago la compra en un supermercado al lado de casa y compro comida envasada y muchos platos preparados que caliento en el microondas. No como frutas y me encantan las *pizzas*. Los productos bío del supermercado son mucho más caros y yo creo que no son tan buenos como la gente dice. Ser vegano es solamente una nueva moda del siglo XXI.

— Soy Maya y reconozco que estoy un poco obsesionada con la comida sana y los productos bío. Ahora se come mejor porque sabemos la procedencia de los alimentos y cómo han sido tratados, en definitiva, somos más conscientes de qué comemos y por qué lo comemos.

Hace tres años que dejé de comer carne y pescado por motivos éticos, y porque ser vegana se ha convertido en mi filosofía actual de vida. Estoy muy contenta con este cambio porque antes compraba mucha comida envasada e iba dos veces a la semana a comer hamburguesas. Ahora compro todos mis alimentos en Biocoopy, un supermercado nuevo bío que han abierto en mi barrio. Tenemos que cambiar conciencias y ayudar a nuestro planeta porque ¡somos lo que comemos!, ¿verdad?

Pista 18

Sierra Nevada es un espacio natural, sostenible y protegido. Tiene una localización estratégica perfecta, está situada entre dos ciudades de Andalucía: Granada y Almería.

Esta sierra tiene un enorme valor botánico y paisajístico y se convirtió en reserva de la biosfera por la Unesco en 1986. En 1999 fue declarada parque nacional y, algunos años después, este espacio andaluz natural fue incluido en la Lista Verde de las áreas protegidas mejor conservadas del planeta junto a otros 23 parques situados en 7 países.

Sierra Nevada cuenta con más de 169 000 hectáreas protegidas que son ideales para practicar deportes en la nieve, senderismo, excursiones a caballo, escalada al pico Mulhacén de 3482 metros de altitud o cicloturismo.

Puedes disfrutar de la nieve, del sol y de unas preciosas vistas al mar, que está a solo 100 kilómetros de la montaña, y puedes ver más de 2000 tipos de vegetación diferente y una gran variedad de fauna propia de la zona. Entre la fauna autóctona podemos encontrar animales salvajes. La diversidad en flora es muy grande.

Lo que más se valora del parque nacional de Sierra Nevada son los esfuerzos para conservar el ecosistema de montaña y el patrimonio cultural, al mismo tiempo que se realiza una buena gestión del sector turístico.

¿Te gustaría visitar y conocer este lugar? ¡Sierra Nevada te espera!

Pista 19

— Soy Celia y me encanta la natación y correr, pero solo practico la carrera los fines de semana con unos amigos, en el parque que está cerca de mi casa. El año pasado me preparé muy bien físicamente para poder participar en el Rock'n Roll Madrid Maratón y realmente fue una experiencia inolvidable. Conocí a muchas personas de otras ciudades españolas, y además llegué a la meta en el puesto 37. ¡Fue genial! Al terminar estaba muy cansada de todo el esfuerzo físico hecho durante los 21 kilómetros de carrera, pero me sentía muy motivada y con ganas de volver a participar este año. Necesito ser mucho más constante en mis entrenamientos e ir al gimnasio todas las semanas.

— Soy Guillermo y soy un gran deportista. No puedo practicar todos los deportes que me gustan porque no tengo mucho tiempo, pero hago natación tres veces a la semana en un club deportivo, que no está muy lejos de mi casa y que tiene una piscina fantástica. Este año he participado en el *Acuatlón* Costa de la Luz en la ciudad de Rota, ¡ha sido una experiencia maravillosa! Las playas de la provincia de Cádiz son muy bonitas y el ambiente era fantástico. Al terminar me sentía deshidratado porque no bebí mucha agua durante las pruebas, pero estaba muy emocionado porque pude terminar sin problemas el *acuatlón* y llegué de los primeros. Ya me estoy preparando para el año próximo.

Pista 20

— Hola, Elisa: ¿al final has decidido a qué *acuatlón* te vas a inscribir?

— Hola, Mario: pues la verdad es que todavía no. No sé, hay varios que me gustan, pero no me decido… Hay uno en Roquetas de Mar y otro en Almería. Los dos me parecen muy interesantes por el recorrido y la organización, pero… hum…

— Yo conozco el de Roquetas de Mar, porque participé el año pasado. La playa de la Serena es mi preferida y es perfecta para nadar y correr. Inscríbete en ese *acuatlón*.

— ¡Genial!, pues si me dices que es mejor que el de Almería, me inscribo en ese.

— Sí, sí, en ese. Te va a gustar mucho la experiencia.

— Vale, gracias por el consejo. Antes de hacer la inscripción quiero ir a comprarme unas nuevas gafas de piscina, ¿me acompañas?

— Sí, es una buena idea porque yo tengo que comprarme unas zapatillas de deporte, las que tengo están muy viejas, son muy cómodas, pero para hacer una maratón de 21 kilómetros necesito unas nuevas.

— ¿Para hacer una maratón?, ¿vas a correr?

— Sí, Elisa, no te lo he dicho, pero me he inscrito en la maratón de Málaga.

— ¿De verdad?, ¡no me lo puedo creer!, ¡tú haces poco deporte!

— Sí, es verdad, no hago mucho deporte, pero como la maratón es en diciembre tengo tiempo para prepararme y para correr tres o cuatro veces a la semana. Estoy muy contento y nervioso pensando en la carrera.

— ¿Quieres que corramos juntos por las tardes?

— ¡Buena idea! No corro muy rápido y me canso rápidamente… tienes que tener paciencia conmigo.

— Vale, Mario. ¿Empezamos el sábado a las 18:00 el entrenamiento?

— Sí, perfecto. Gracias, Elisa.

— De nada, Mario.